잃어버
문학 여

KB117772

기꺼이 나로 살아갈
용기를 지닌 당신에게.

2023. 9. 이슬저

다시 **문학을** 사랑한다면

다시
문학을
사랑한다면

잃어버린 감수성을 찾아 떠나는 열아홉 번의 문학 여행

이선재 지음

다섯
수레

인생이 인생으로 끝나지 않고 문학이 되기도 하는 것처럼 문학도 문학으로 끝나지 않고 인생으로 환원되곤 한다. 그러나 모든 인생이 문학으로 바뀌고 모든 문학이 인생으로 돌아가는 것은 아니다. 오직 좋은 문학, 선한 문학만이 그렇다. 그리고 그 과정에서 정말로 필요한 것은 좋은 안내자다. 안전하고 아름다운 징검다리다. 더욱이 오늘날 흔들리며 방황하는 젊은 영혼들을 위해서는 그런 좋은 선순환이 필요하고 좋은 문학의 안내자가 필요하다. 이 책이 세상을 조금 더 맑게 해줄

것을 믿는다. 사막 같은 이 세상, 떠돌이 같은 인생길, 이 책이
목마른 사람들의 맑고 시원한 샘물이 되어 주기를 소망한다.

_나태주(시인)

유쾌하고 발랄하면서도 진지하고 감동적일 수 있을까.
매혹적인 카리스마가 있으면서도 부드럽고 다정할 수 있을까.
이선재는 그런 야누스적인 매력을 가진, 보기 드문 '문학하는
사람'이다. 나는 그녀가 여전히 이 복잡하고 각박한 세상에서
'문학하는 사람'으로서의 정체성을 잃지 않았기에 기뻐하며,
이 책을 '문학과 국어를 어려워하는 모든 사람들'에게 추천하
고 싶다.

_정여울(작가, 『문학이 필요한 시간』 저자, KBS 「정여울의 도서관」 진행자)

언어가 주는 수많은 선물 중에서 잔잔하게 삶을 들여다
보게 해주는 문학만큼 뭉클한 것이 또 있을까 싶다. 타인의 삶
인 줄로만 알았던 무언가가 어느새 나의 삶과 맞닿는 순간은
때때로 평생의 한 줄로 가슴 한편에 남는다.
    이 책의 첫 페이지부터 마지막 페이지까지 단숨에 읽어

내려갔다. 그리고 반백을 살았다 생각했던 내 안 어딘가에 숨어있던 순수한 아이 '작은 나무'를, 불안해서 아름다웠던 그 시절의 '와타나베'를, 알을 깨는 성장통을 겪느라 고군분투했던 '싱클레어'를, 가족 안에서 나를 잊은 채 살아가던 '노라'를, 나 자신의 못난 모습에 스스로를 혐오하며 자꾸 움츠러들었던 '그레고르'를, 사회의 위선을 바라보며 분노했던 '홀든'을, 오해로 인해 놓쳐 버린 인연에 용서를 구하는 '한스'를, 부질없는 것들에 집착했던 '개츠비'를, 그럼에도 불구하고 다시 희망을 품고 내일을 꿈꾸는 '노인'을 발견하게 되었다.

문학을 통해 담담히 삶을 써 내려가는 저자의 이야기가 또 한 편의 문학 작품이 아닐까. 그래서 이 글이 내 안의 수많은 모습을 일깨우며 눈물짓게도, 미소짓게도, 편안하게도 만드는 것이 아닐까 생각한다. 지나온 시간을 위로받고, 살아갈 날들에 용기를 얻고 싶은 이들에게 주저 없이 이 책을 추천하고 싶다.

_김태은(연세대학교 중어중문학과 교수)

문학 텍스트도 인공지능의 학습 자료로 쓸 정도로 문학

이 도구가 된 세상이다. 책장을 한 장씩 넘기고, 마음에 드는 구절을 외우고, 읽던 책에 책갈피를 끼우던 것이 언제였는지 까마득하다. 그런데 이 책은 등굣길 지하철에서 소설의 뒷이야기를 궁금해하고, 좋아하는 친구에게 마음을 전하듯 시집을 선물하고, 마음이 통하는 작가의 신간을 고대하던 그 시절의 감성으로 우리를 인도한다. 짧은 영상 매체와 한 문장의 밈으로 소통하는 요즘, 책 읽는 시간을 진정한 휴식 시간으로 만들어줄 저자의 이야기를 따라 이 긴 여행을 함께 해주기를 바란다. 저자의 말처럼 그리하여 다시 문학을 사랑하게 되기를.

_김한샘(연세대학교 언어정보학 협동과정 교수)

AI가 인간이 수행했던 많은 영역을 대체할 것이라고 예측하고 있는 지금, 과연 '인간다움'이란 무엇이며 인간의 가치를 우리는 어떻게 지켜내야 할까. 이 책은 이러한 질문에 대한 답을 탐구하는 과정에서 만난 하나의 답변이기도 하다. 문학은 인간과 사회의 총체적 모습을 압축한 하나의 작은 우주이기도 하기에, 우리는 문학을 통해 나 자신과 사회의 모습을 성찰하고 앞날을 예견하며 대처하는 정신적 힘을 기를 수 있다. 이 책은 시, 소설, 수필 등 다양한 문학 장르의 명작들을 통해 고독과 불안 속에서 흔들리면서도 자신의 자리를 지키며 살아가는 보통 사람들의 삶에 공감과 위로의 손길을 건네고 있다. 마치 갈라 콘서트처럼 다채롭고 생생한 문학적 경험을 선사하는 이 책을 읽으면서 우리는 우리가 살아가는 '바로 이 순간'을 포착하고 다음 나날들을 위한 인생의 지혜를 얻을 수 있을 것이다. 그리고 그렇게 얻은 지혜의 한가운데에서 인간다움이란 무엇인가에 대한 자신만의 해답을 찾을 수 있을 것이다.

_임영익(인텔리콘 대표, 변호사)

문학은 나와 아무런 인연이 없던 타인의 삶을 마주하게 해준다. 문학은 감히 상상할 수 없는 낯선 운명을 나의 것처럼 보여준다. 나의 읽기는 또 다른 독자와 만나 제각각의 문학으로 공유된다. 문학의 쓸모는 오직 그것뿐이라고 생각한다. 나와 타인을 이어주고, 서로 다른 우리를 상상하게 하는 것. 마침내 나 자신을 들여다보게 만드는 것. 그보다 더 값진 쓸모가 있을까?

저자가 들려주는 이야기는 나에게 문학이 어떤 의미인지, 어떻게 문학을 즐겨야 하는지, 우리가 왜 다른 이들의 삶을 상상할 수 있고 또 상상해야만 하는지 비로소 깨닫게 해준다. 문학에도 효용이 있다면 바로 그것뿐이다. 저자의 목소리를 따라 이야기의 세계로 여행을 떠나 보자. 지금 우리 앞에 문학이 있다.

_박진영(성균관대학교 국어국문학과 교수)

문학으로
삶을 더 사랑하게 된다면

여러분 혹시 「들장미 소녀 캔디」를 기억하시나요? 「들장미 소녀 캔디」는 1980년대 방영되었던 애니메이션으로 많은 사랑을 받았었죠. 요즘에는 '캔디 같은 캐릭터'가 그리 매력적이지 않지만, 그 시절 '외로워도 슬퍼도 울지 않는' 캔디는 끈기와 성장, 낙천성의 아이콘 같은 존재였습니다. 캔디가 이렇게 범국민적인 신드롬을 일으키며 사랑받은 이유가 대체 뭘까요? 저는 그 이유가 단순히 많은 이들의 가슴을 설레게 했던 연애 서사만은 아닐 것이라고 생각합니다. 캔디의 삶을 떠올려 볼까요? 어린 시절 캔디는 고아가 되고, 이후 들어가게 된 부잣집에서는 갖은 학대를 받고, 사랑도 우정도 결코 쉽게 풀리지 않는 삶을 살아갑니다. 우리는 역경에 처한 캔디를 안타까워하기도 하고 부조리한 상황에 놓인 캔디를 보며 함께 분노하기도 했습니다. 어떤 상황에서도 낙천성을 잃지 않고 꿋꿋하게 살아가는 캔디와 함께 울고 웃으며 많은 시간을 보냈죠. 처음에는 가난하지만 착한 소녀의 낭만적 연애 서사로 캔디를 감상하던 사람들도 점차 캔디의 고달픈 인생과 이를 극복하는 캔디의 모습을 보면서 자기 삶의 울퉁불퉁한 면을 돌아보게 되었을 것입니다.

　이렇게 우리는 여러 매체를 통해 다른 사람의 이야기를 듣고 보며 타인을 이해하고 공감하는 법을 알게 됩니다. 그러면서 자연스럽게 나 자신의 삶을 돌아보고 내적 세계가 확장되는 놀라운 경험을 하는 것이죠. 그렇게 확장된 세계에서는 스스로에게도 더 관대해질 수 있습니다. 우리 삶에 문학이 필요한 이유도 크게 다르지 않습니다.

❊ ❊ ❊

    문학이 우리 삶과 닮은 점은 수없이 많습니다. 문학의 서사는 수많은 사람의 다양한 관계 속에서 갈등이 생기고 가치관이 충돌하는 과정을 통해 만들어지죠. 우리 인생도 혼자서는 지속될 수 없습니다. '나'와 '타인'이 엮이는 무수한 관계, 그로부터 피어나는 갈등과 공감 속에서 인생이라는 서사가 만들어집니다. 그리하여 문학 속에서는 스쳐 지나가듯 별 볼 일 없는 인물들에게도 각각의 고유한 불빛이 있습니다. 문학의 서사 속에서 각자의 고유한 역할을 해내죠. 수많은 별의 작은 빛들이 모여 거대한 우주를 만들어내듯이 이들의 삶은 각자의 의미로 빛나고 있습니다. 그들이 한데 어우러져 장대한 하나의 서사를 만들어내는 것처럼 우리네 인생도 결코 무의미하지 않습니다. 우리가 문학을 읽어야 하는 이유 중 하나도 바로 이 때문입니다. 어떤 사람들은 문학이 지적 유희를 위한 고상한 취미, 오로지 점수를 얻기 위한 과목 중 하나라고 생각할지 모르지만 저는 문학의 존재 이유가 쓰임이나 효용성만이 아닌 나와 타인의 관계에 대한 이해 그리고 이를 통한 충만한 삶의 회복에 있다고 믿습니다.

　우리가 문학을 읽어야 하는 또 하나의 이유는 경험하지 못한 삶 속에서 '나 자신'을 만나기 위함이기도 합니다. 문학만큼 인간 군상의 다양한 모습을 담고 있는 예술은 없다고 생각해요. 우리는 그들의 삶에 깊이 공감하고 동화되며 또 다른 나를 마주하게 됩니다. 선한 인물의 좌절과 몰락을 보며 안타까워하고, 모자란 인물의 어리석은 실수를 보며 나 자신을 되돌아보고, 비열한 인물의 모략과 술수를 보며 분노하기도 합니다. 그리고 이렇게 다양한 인물들로 가득 찬 나의 삶을 떠올리며 내 삶이 문학과 그리 다르지 않다는 사실을 발견합니다. 역설적이게도 그런 인물들로부터 위로받고 있는 나를 발견하기도 하죠.

　여러분은 주로 언제 문학책을 꺼내 읽으시나요? 내 삶이 문득 외롭고 힘겹게 느껴질 때, 내 삶이 길을 잃고 이리저리 헤맬 때, 사람과의 관계에서 부대낄 때, 누군가에게 위로받거나 인정받고 싶을 때 우리는 문학을 찾게 됩니다. 인생의 갈림길에 섰을 때 어디로 가야 하는지, 서로를 어디까지 이해할 수 있는지, 마지막 순간에 좌절하지 않기 위해서는 어떻게 살아가야 하는지, 무엇에 수치심을 느끼고 어떻게 상대를 용서할 것인지… 우리는 문학을 통해 알 수 있습니다.

물론 문학이 정해진 답을 알려주는 것은 아닙니다. 대신 문학은 우리 앞에 수많은 선택지를 놓아주죠. 활자로 가득 찬 문학을 꺼내 드는 순간, 수많은 인물의 삶이 언어로 형상화되어 생생해집니다. 그리고 우리는 숨 막히게 돌아가는 현실에서 벗어나 한없이 너그러운 시간을 경험합니다. '아, 나만 헤매는 게 아니었구나', '나만 인생의 답을 모르는 게 아니었구나', '나만 쓸모없는 존재라는 자괴감에 빠진 게 아니었구나'… 문학은 우리가 모두 자신만의 답을 찾아가는 중이라는 사실을 알려줍니다. 인생에 정해진 답이 없다는 것을 문학이 일깨워주고, 우리가 그 사실로 위로받는다면 이것만으로도 문학은 그 쓸모를 다하고 있는 것일지도 모릅니다.

오늘날 우리는 사회가 정해준 기준에 맞춰 살지 못했

을 때 루저로 취급받곤 합니다. 끊임없이 타인의 삶과 비교해서 나를 평가하라고, 앞서가고 있는 타인을 따라잡아 성과를 내고, 그리하여 경쟁에서 승자가 되라고 부추깁니다. 하지만 문학은 그 어떤 삶이든 틀린 것은 없다고 끊임없이 말해주고 있습니다. 백 명의 사람에게는 백 가지 이야기가 있을 뿐 절대적인 삶의 기준은 있을 수 없다고 말이죠. 모두에게 존경받는 사람도 그 탁월함 때문에 한순간에 몰락할 수 있고, 아무리 착한 사람이라도 그 선함 때문에 괴로울 수 있고, 악한 사람도 그 이기심으로 성공할 수 있습니다. 정직함이 때로는 파국의 원인이 되기도 하고 비열함이 어떤 상황에서는 미덕일 수 있다는 것을 문학은 우리에게 보여줍니다.

* * *

저도 자라오며 하나의 가치관, 절대적으로 올바르고 변하지 않는 무언가를 동경했었습니다. 그래서 변하지 않는 것, 영원한 것은 옳고 변하는 것은 그르다는 이분법적인 가치관에 젖어 있기도 했죠. 내 안에서 피어오르는 욕망 역시 그른 것이라 여기고 아예 절제하거나 금기시한 채 고상한 이상을 좇는 삶을 동경하기도 했습니다. 욕망은 절제해야 하는 것, 사회와 타인을 위해 억눌러야 하는 것이라는 암묵적인 강요에 익숙했던 시대기도 했고요. 특히 사회가 용납하지 않는 나쁜 욕망을 품으면 빨간 구두를 신은 카렌처럼 보복을 당할 것이라고 주입받던 시대였습니다.

동화 『빨간 구두』의 주인공 카렌은 미망인의 양녀가 되어 아름다운 빨간 구두를 갖게 됩니다. 그 신을 신으면 어쩐지 춤을 추지 않고는 배길 수 없는데 그래서 양모의 장례식에서도 춤을 추게 되죠. 춤을 멈출 수도, 구두를 벗을 수도 없었던 카렌은 결국 발목을 자른 후에야 자유를 되찾게 됩니다. 섬뜩한 동화처럼 공포의 감정이 오랫동안 학습되어 있던 시절, 저는 김수영의 시를 만나게 됩니다.

욕망이여 입을 열어라 그 속에서
사랑을 발견하겠다

김수영의 시 「사랑의 변주곡」의 첫 구절입니다. 이 첫 번째 시행을 읽었을 때의 떨림은 아직도 제 기억 속에 선명히 남아 있습니다. '욕망의 입 안에서 사랑을 찾겠다'는 김수영의 시는 제게 전율 그 자체였습니다. 욕망을 억제하는 대신 욕망 안에서 사랑을 찾겠다니요. 그의 선언은 나 자신을 있는 그대로 받아들이고 사랑할 때 비로소 삶이 충만해질 것이라는 의미로 다가왔습니다. 이 시가 저에게 알려준 것은 타인의 시선과 사회의 규율이 아닌 내 안의 욕망 안에서 열정을 발견하라는 것 그리고 그 욕망을 통해 스스로가 단단한 중심을 지닌 존재로 거듭날 것이라는 낙관이었습니다. 감히 김수영의 시가 제게 준 감동에는 비할 수 없겠지만 모쪼록 이 책도 여러분의 일상에 건네진 작은 파동, 아니면 따뜻한 손길로 기억되면 좋겠습니다.

* * *

타인의 삶을 통해 나를 만나고 위로받기까지 우리에게 '문학이 한 일'은 참 많습니다. 그런데 우리는 왜 살아가며 점점 문학과 멀어지게 되는 걸까요? 어린 시절 잠들기 전 머리맡에서 할머니가 들려주시던 옛날이야기, 친구들과 돌려 읽던 소설책의 감동을 왜 더 이상 누릴 수 없게된 걸까요? 저는 우리가 문학의 쓸모를 제대로 알지 못했기 때문이라고 생각합니다.

문학은 여행과 같습니다. 삶이 힘들고 지칠 때, 고민이 깊어질 때 우리는 멀리 떠나곤 합니다. 그리고 여행을 떠난 그곳에서 커다란 위안을 받고 다시 살아갈 힘을 얻죠. 새로운 해결의 실마리를 발견하게 되기도 합니다. 때로는 여행 대신 문학을 읽으며 나와는 다른 삶을 사는 인물들에게로 여행을 떠나보는 것은 어떨까요. 여러분이 시간도 공간도 다른 그곳에서 뜻밖의 위로를 받고 삶의 선택지를 늘려가는 경험도 해보면 좋겠습니다. 인생에 정해진 답은 없습니다. 그러니 우리에게는 정답을 찾기 위해 헤매는 시간보다는 많은 삶을 읽어보고 내가 어떤 삶을 살고 싶은지를 생각해 보는 시간이 더 필요합니다.

그래서 더더욱 여러분이 이 책을 펼쳐 읽는 동안 만큼은 예쁜 것을 보고 감탄하고, 짠한 것을 보고 안타까워하고, 슬픈 일에는 목놓아 울어보는 시간을 잠시라도 되찾을 수 있다면 좋겠습니다. 저는 누구에게나 문학을 사랑한 시절이 있었을 것이라고 믿습니다. 바쁜 현실 속에서 잠시 문학을 잊고 살았다면 여러분이 책을 통해 다시 문학을 사랑하게 되기를 소망합니다. 그리하여 여러분의 삶을 더욱 사랑할 수 있기를 간절히 바랍니다.

차례

1장

잃어버린 나를 찾고 싶을 때

집에서, 회사에서, 일상에서

우리는 여러 개의 '나'로 살아갑니다.

어떤 때는 무엇이

진짜 나인지 헷갈리곤 하죠.

그럴 때 타인의 삶을 바라보다 보면

어느새 내가 살아가는 이유와

나의 진짜 모습까지도 발견하게 됩니다.

쓸모없는 존재의
쓸모에 관하여

삶의 의미

      생각만으로도 오싹하지만 우리는 종종 생의 의미를 잃어버리는 경험을 합니다. 제 수업을 듣는 학생 중에서도 자신의 존재를 부정당하는 이들이 많죠. 시험에 합격할 때까지 현실에서 유예된 존재로 살아가기 때문입니다. 아직은 제 몫을 하지 못하고 있다는 생각, 때론 낙오되었다는 생각에 좌절감을 느끼기도 합니다.

"선생님 저는 쓸모없는 잉여 인간 같아요."

마음 아프게도 제게 이런 고민을 털어놓는 학생들이

정말 많습니다. 경제적인 활동을 해야 할 나이에 집에서 금전적인 도움을 받아 공부하고 있는 데다가, 언제 합격할 수 있을지 기약이 없는 불확실한 상황에 놓여 있다 보면 스스로 존재 가치가 없다는 자책도 하게 됩니다. 남에게 사기를 치거나 일확천금을 꿈꾸며 도박을 하는 것도 아닌데 왜 그렇게 몸과 마음 모두 움츠리고 있는지 안타깝습니다. 수험생들은 엄연히 다음 단계로 도약하기 위해 노력하고 미래를 준비하는 사람들이지 사회적으로 의미없고 쓸모없는 존재가 아니잖아요. 그래서 저는 학생들에게 합격을 준비하는 이 시간을 '수축의 고통을 견디는 시간'이라고 말해주곤 합니다.

"넌 지금 멀리 뛰기 위해 쪼그리고 앉아 있는 개구리야. 힘을 비축하고 있는 거라고. 개구리가 더 멀리 뛰려면 근육을 수축하는 힘이 절대적으로 필요하잖아. 그렇게 움츠리고 앉아 있는 게 얼마나 고통스럽고 힘든지 알아. 그리고 그런 모습이 다른 사람들에게 어떻게 비칠지 걱정하는 마음도…. 하지만 이 과정 없이 어떻게 더 멀리 뛸 수가 있겠니."

대개의 취준생은 이렇게 웅크리고 앉아 자신과의 싸움을 하는 동시에 끊임없이 타인의 시선에 신경을 씁니다. 자신의 존재를 부정하고 잉여 인간처럼 바라보는 차가운 시선에 상처를 받죠. 비단 취준생에게만 해당하는 이야기는 아닙니다. 타인으로부터 자신의 존재를 부정당하는 상황에 처한 사람들은 끊임없이 자신의 존재를 드러내고 존재의 이유를 찾으려고 노력합니다. 프란츠 카프카의 소설 『변신』에서 그레고르가 했던 행동도 그 연장선상에 있습니다.

* * *

하루아침에 흉측한 벌레로 변한 그레고르. 그는 자신이 처한 현실을 감당할 수 없었을 것입니다. 자라의 등껍질처럼 딱딱한 등, 갈색의 둥그런 배, 미끄러진 이불 아래로 보이는 징그러운 다리들…. 그것은 분명 벌레의 몸이었습니다. 이 끔찍한 상황에서 그레고르가 도움을 청할 사람은 가족밖에 없었겠죠. 하지만 잔인하게도 가족마저 그를 외면합니다. 그레고르는 외판원이었습니다. 가족의 생계를 책임지기 위해 매일 새벽 네 시에 일어나 출근해 왔죠. 하지만 그는 더 이상 일을 할 수 없게 되었고, 가족들은 그를 대신해서 생활비를 마련하기 위해 하숙생을 받습니다. 하지만 그레고르의 정체를 알게 된 하숙생들이 소스라치며 도망가자 가족들의 분노는 폭발합니다. 여동생은 부모 앞에서 '이 괴물을 오빠라는 이름으로 부르지 않을 것'이라고 선언하기에 이릅니다.

『변신』처럼 극단적인 상황은 아니더라도 우리의 일상에서 '나'라는 존재의 의미가 퇴색되는 경우는 빈번합니다. 이럴 때 가장 중요한 태도나 마음가짐은 무엇일까요? 소외당하는 개인에게 가장 중요한 마음가짐은 뻔한 이야기 같지만 바로 낙천성입니다. 이 고통도 언젠가는 지나가리라는 가능성을 항상 염두에 두는 마음가짐은 단순하지만 괴로운 상황을 타개하는 가장 좋은 방법이기도 합니다. 어제의 행운도, 지금의 불행도 결국 끝나기 마련입니다. 이렇게 담담하고 낙관적으로 생각하다 보면 나의 존재에 대한 비관도 어느새 잦아들어 있을 겁니다.

개인의 마음가짐에서 한발 더 나아가 모두가 함께 생각해 볼 만한 지점은 '이해관계를 따지지 않는 관계'라고 생각합니다. 요즘 어린 친구들 사이에서는 일명 '바퀴벌레밈'이라고 불리는 챌린지가 유행이라고 합니다. 주로 가까운 가족이나 친구에게 "내가 바퀴벌레로 변하면 어떻게 할 거야?"라는 질문을 던지고 재미있는 답변을 SNS에 공유하는 방식입니다. 이런 독특한 밈이 유행하는 이유도 가까운 이들에게 이해관계를 따지지 않는 대답을 듣고 싶어서가 아닐까요. 인간은 늘 불안하고 때때로 외롭습니다. 평범한 이들의 삶이야 말할 것도 없지만, 사회적으로 성공한 사람도 마찬가지입니다. 남들이 부러워하는 나의 모습을 이어나가야 한다는 불안감과 지금의 사회적 위치와 관계를 유지해야 한다는 압박감, 그리고 이러한 자신을 아무도 이해할 수 없다는 근본적인 소외감에서 벗어날 수 없습니다. 그래서 쓸모 있을 때만 유지되는 관계가 아닌, 존재 자체만으로 충만함을 느낄 수 있는 관계가 우리 모두에게 필요한 것입니다. 그러기 위해서는 사람을 효용 가치로만 생각하지 않으며 존재 자체로 쓸모 있다고 여기는 태도가 중요하죠. 쓸모없는 것들의 쓸모에서 느껴지는 충만함을 경험하는 것이 중요합니다.

스벤 브링크만의 책 『불안한 날들을 위한 철학』에는 이런 구절이 있습니다.

> 만약 서로가 '쓸모'가 있을 때에만 유지되는 관계라면, 그 '쓸모'를 유지하기 위해 얼마나 전전긍긍할 것인가?

모든 관계가 오로지 쓸모만을 위한 것이라면 인간의 삶은 얼마나 고달플까요. 그렇다면 우정처럼 충만한 관계는 역설적으로 전혀 쓸모가 없어야겠죠. 하지만 쓸모없기에 더없이 쓸모 있는 것들이 우리 삶에는 더 많습니다. 지금 나의 일상 속에서 안도감과 충만함을 느끼는 대상을 떠올려보세요. 의외로 아주 사소한 관계 아닌가요?

시간의 압박에서 벗어나는 것도 좋은 방법입니다. 학생들과 상담할 때 자주 듣는 이야기가 '지금 시작하면 너무 늦지 않나요?'입니다. 목표를 세우면서 가장 먼저 머릿속에 떠올리는 것이 시간의 압박이더군요. 하지만 나를 시간이라는 제약 안에 가두지 않으면 좋겠습니다. 조금 늦은 시작이라 해도 조바심을 내지 말고 일단 시작해 보면 어떨까요. 무언가를 이루기 위해 투자하는 시간을 무용의 시간으로 바라보지 마세요. 지금의 시간이 쌓여 언젠가 끝없이 깊고 푸른 바다를 이루거나 끝없이 높고 장엄한 산을 이룰 수도 있다는 사실을 기억하길 바랍니다.

✽ ✽ ✽

가난한 필경사(筆耕士) 바틀비의 삶을 담은 허먼 멜빌의 『필경사 바틀비』도 우리 존재의 의미를 묻는 소설입니다. 월가의 한 법률 사무소를 배경으로 철저히 소외된 삶을 살아가는 바틀비의 삶은 자본주의가 낳은 비인간적 사회구조를 적나라하게 묘사하고 있습니다. 그는 워싱턴의 배달 불명 우편물 취급소에서 일하다가 해고된 후 변호사 사무실에서 필경사로 일합니다. 고용주인 변호사는 철저하게 계급에 따라 나뉜 공간에서 자본가 계급을 옹호하는 인물입니다. 어느 날 바틀비가 변호사의 작업 지시를 거부하는 일이 생깁니다. "안 하는 편을 택하겠습니다." 이 한 마디에 바틀비는 자신의 공간을 빼앗깁니다.

어딘가 익숙한 상황 아닌가요? 자본주의 사회에서도 성과를 내지 못하면 가장 먼저 공유하고 있던 공간을 빼앗습니다. 그레고르가 벌레로 변한 후 오로지 자기 방에 처박혀 더 이상 가족과 공간을 공유하지 못한 것도 마찬가지입니다. 바틀비도 성과를 내지 못하자 사무실에서 끌려 나와 복도로 내쫓기게 됩니다. 나중에 변호사가 자신의 집으로 가자고 해도 "안 하는 편을 택하겠습니다"라는 말로 마다하고, 뉴욕의 시 교도소에서 비극적으로 생을 마칩니다.

바틀비는 효용성만을 강조하는 사회에서 '아무것도 하려고 하지 않아 쓸모없는' 존재들을 떠올리게 합니다. 그런데 바틀비는 왜 그렇게까지 모든 걸 거부하면서 쓸모없다고 평가되는 삶을 살아야 했을까요? 아마도 수취인 불명 우편물을 처리하며 그의 삶은 달라졌을 것입니다. 바틀비가 태워버리기 전에 읽은 수취인 불명 우편에는 안타까운 사연들이 수없이 담겨 있었습니다. '당신을 구제해

주겠소', '당신을 용서하겠소'⋯. 생명에 관한 사명을 짊어진, 누군가를 향한 뜨거움을 간직한 우편물들을 받아줄 상대방이 없다는 걸 계속 확인해야 했던 바틀비는 괴로워하며 자신의 존재 의미를 되묻다가 결국 효용성으로 평가되는 이 사회를 거부하기로 결심했을 것입니다.

예전에 제가 상담한 한 학생도 바틀비처럼 자신의 존재를 부정하는 삶을 살고 있었습니다. 수험 생활을 오래한 학생이었어요. 처음에는 집안의 도움을 받으며 기대에 부응하려고 열심히 공부했습니다. 1년만 열심히 하면 합격할 수 있으리라고 생각했던 거죠. 하지만 결과는 예상과 달랐습니다. 제가 수많은 학생들을 보면서 느낀 점은 시험은 노력만으로 원하는 성과를 얻을 수는 없다는 것입니다. 당일의 컨디션, 순간의 판단 등에 따라 삐끗하는 순간을 비껴나갈 수 있을 만큼의 운도 따라주어야 하죠. 그렇게 안타까운 시간이 1년, 2년 흐르고 집안의 기대와 후원에도 연이어 시험에 떨어지자 그 학생은 가족과 거의 인연을 끊고 무기력한 삶을 살고 있었습니다. 1년 동안 공부를 하는 것도, 하지 않는 것도 아닌 상태로 있으면서 당장의 생계를 위해 아르바이트까지 하고 있었죠. '나는 아무 것도 하지 못하는 인간'이라는 자기부정에 휩싸여 어디에도 자신을 온전히 내던져 몰입하지 못한 채 존재의 의미를 잃어가고 있었습니다. 필경사 바틀비가 수취인 불명 우편물을 태우고 남의 문장을 계속 베끼면서 소통을 거부하며 살았던 것처럼 말입니다.

그 학생이 가족과 친구와의 관계까지 단절한 것은 바틀비가 소통 불능의 우편물을 계속 보면서 절망감에 빠진 상황과 비슷합니다. 내가 아무리 메시지를 보내도 받을 사람이 없다는 좌절감, 상대방이 나를 제대로 이해하지 못하고 보내오는 메시지들로 인한 괴로움…. 그런 상황에 처하면 누구나 숨을 수밖에 없습니다. 진정한 소통을 위해서는 서로를 진심으로 이해할 수 있는 메시지를 주고받아야 합니다. 때로는 누군가의 지금을 그저 인정해 주는 메시지, 때로는 누군가를 마음을 다해 기다려주겠다는 메시지, 또 때로는 나에게 당신이 정말 필요하다는 메시지 같은 것들 말입니다.

* * *

몇 년 전 강의 시간에 수험생들과 함께 제가 좋아하는 시 한 편을 읽은 적이 있습니다. 기형도의「기억할 만한 지나침」입니다.

시 내용은 이러합니다. 시에서 화자는 우연히 한 거리를 지나가게 됩니다. 눈이 퍼붓는 캄캄한 거리였죠. 화자의 눈에는 움직이지 못하는 건물들이 휘날리는 눈을 피하지 못하고 뒤집어씁니다. 건물은 크고 거대한 서류뭉치처럼 보이죠. 그러다 한 관공서에서 새어 나오는 희미한 불빛을 발견하고 그 속에서 한 사내도 발견합니다. 춥고 큰 방에서 울고 있던 한 사내를 말이죠.

화자는 사내가 울음을 멈출 때까지 어쩌지 못하고 가만히 바라보고만 있었습니다. 안타까운 마음에 사내의 울음을 멈추게 할 수 없었던 것이죠.

그렇게 시간이 흐른 뒤 눈이 퍼붓는 깊은 밤 텅 빈 사무실에서 화자는 다시 그 사내를 떠올립니다. 그제야 비소로 사내의 아픔에 공감하고 그를 이해하게 됩니다. 그가 어리석은 자가 아니라고 생각하죠.

우연히 보게 된 타인의 고통에 대한 공감을 이렇게까지 잘 풀어낸 시가 또 있을까요. 이 시를 함께 읽은 수험생들의 반응이 특히나 뜨거웠습니다. 외로운 수험 생활을 이어가는 학생들은 커다란 빈방에서 홀로 우는 그 사내의 심정을 이해할 수 있었던 것입니다. 그리고 자신의 외로움을 누군가가 먼발치에서 이렇게 지켜봐 주길 바랐던 것이지요. 비단 수험생뿐 아니라 우리 모두는 빈방의 서기와 같은 삶을 살고 있습니다.

그래서 우리에겐 소통이 필요합니다. 가끔은 멈춰 서서 바라보는 것만으로도 이야기가 시작되곤 합니다. 타인의 고통과 고독을 기억해 내는 순간은 내가 그 일을 경험하고 있을 때입니다. 이 시의 화자처럼요. 이렇게 타인과의 연대는 특별한 목적의식이나 선한 의지가 아닌 기억의 파장에서 시작되기도 합니다. 때로는 이러한 소통이 그 어떤 위로보다 깊은 울림을 주곤 하죠.

타인과의 연대를 위해서는 서로가 각자의 쓸모를 인정해 주는 소통이 필요합니다. 쓸모없는 것들의 쓸모를 인정해 주면서 조금은 느슨하고 낙천적인 사회 분위기가 형성되면 어떨까요. 효용성을 기준으로 존재의 가치를 논하면서 쓸모 있음과 없음을 야박하게 가르지는 않았으면 좋겠습니다. 당장 효용 가치가 없더라도 상대방을 벌레 취급하면서 배척하지 않았으면 합니다. 그리고 자신의 쓸모를 사회적인 기준에 맞춰 도구처럼 사는 삶을 선택하지는 않았으면 합니다. 물론 살면서 어느 순간에는 그런 삶도 살 수 있습니다. 저도 한때 그랬으니까요. 당시의 저는 하루에 열 시간에서 열두 시간까지도 강의를 했었는데, 한번은 제 목소리가 녹음기를 틀어놓은 것같이 느껴져 섬뜩하기도 했습니다. 인간이 아니라 그저 강의실의 부속품처럼 말이에요. 너무 끔찍한 순간이었죠.

존재의 의미를 깨닫기 위해서는 오랜 기다림이 필요합니다. 한 사람의 삶이 온전히 빛나기까지 기다려주는 시간이 필요합니다. 그리고 그 과정에서 그들에게 쓸모 있는 삶을 강요하지 않았으면 합니다. 솔직히 말해 그 쓸모는 '당장 경제적 효용 가치가 있는가'를 기준으로 매겨지잖아요. 우리는 누구나 실패할 수 있습니다. 실패의 경험을 쌓

아가는 그들의 시간을 인정해 주고 그들에게 따뜻한 격려와 응원을 보내며 소통할 수만 있다면 언젠가 우리 사회는 반드시 살아볼 만한 곳이 되리라 믿습니다.

철학자 악셀 호네트는 우리가 사람들의 '인정'을 통해 나를 형성하고, 이렇게 형성된 나를 다시 사람들에게 '지지'받음으로써 비로소 긍정적 모습의 나를 형성할 수 있다고 말했습니다. 우리는 서로를 의미 있는 존재로 만들고, 서로가 의미 있는 삶을 살게끔 만든다는 것이죠. 살아가며 때때로 내 존재의 의미가 희미하게 느껴질 때 이 문장을 떠올리면 좋겠습니다. 삶의 순간순간 당신이 누군가의 존재 의미를 만들어주는 아주 중요한 사람이라는 사실을 느낄 수 있기를 바랍니다.

나이를 먹었다고
모두가 어른이 되는 건 아니기에

진정한 어른

여러분은 살면서 인생의 멘토가 될 만한 사람을 만난 적 있나요? 누군가는 학교나 직장 선배, 엄마나 아빠, 때로는 텔레비전 속 연예인을 멘토라 여길 수도 있습니다. 어릴 때일수록 그 대상은 어른일 확률이 높을 테고요. 어른이라 불리는 사람의 유형은 여러 가지입니다. 국어사전에서 '어른'의 뜻을 찾아보면 놀랍게도 나이가 많은 사람, 사회적 지위가 높은 사람, 결혼한 사람 등의 설명이 나오는데, 어른의 진정한 의미를 설명하기에는 부족함이 있죠. 그렇다면 진정한 어른이란 어떤 사람일까요? 저는 자신의 인생을 스스로 선택하고 책임지면서, 현실의 냉정함과 삶의 엄중함을 깨달아가는 사람이 바로 진정한 어른이 아닐까 생각합니다. 조금 심오했나요? 한마디로 나를 책임지면서 나 아닌 다른 것들까지도 책임지려고 노력하는 사람이 진정한 어른이라고 생각합니다. 그래서 사람들은 나이를 먹어도 여전히 어른이 되지 못한 것 같다는 말을 하곤 합니다.

진정한 어른이 되어가는 과정은 문학작품 속 주요 레퍼토리이기도 합니다. 특히 우리나라 사람들은 성장소설을 정말 좋아하죠. 그 이유는 '사춘기'라는 시절이 그만큼 매력적이기 때문인 것 같습니다. 소설이라는 서사 문학은 자아와 세계의 끊임없는 갈등과 투쟁을 그리는데, 그 점을 가장 극적으로 보여주는 시기가 바로 사춘기 아닐까요. 책을 읽고 있는 여러분 중에는 사춘기를 무난히 지나온 사람도, 엄청나게 요란스레 지나온 사람도 있을 테지요. 사춘기를 겪은 적이 없다고 말할 사람은 거의 없을 겁니다. 그런데 자아의 존재감이 너무 크면 사춘기도 오지 않습니다. 이미 완성형의 자아를 갖추고 있으니 방황하고 흔들릴 일이 없는 것이지요. 그런 사람을 우리는 자아가 세계를 이기는 '영웅'이라고 부릅니다. 반대로 자아에 비해 세계가 너무 강해도 그렇습니다. 예를 들어 자아가 어떻게 해도 세계를 이길 수 없었던 신분제 사회에서 종속된 노예로 살았다면 자기 존재의 의미를 찾으며 흔들리는 사춘기가 큰 화두가 되지는 않았을 겁니다. 우리는 지금 영웅의 시대나 노예의 시대를 살고 있지 않기 때문에 끝없이 세계와 갈등하며 자아를 확립하는 사춘기를 겪는 것이죠. 세계가 나를 압도하지도, 내가 세계를 압도하지도 못하는 팽팽한 긴장의 시대를 살고 있는 것입니다. 그래서 어른이 되기 전 누구나 인생에 한 번쯤은 성숙한 삶을 향한 첫발인 사춘기 시절을 겪습니다.

　물론 어른이 된다고 해서 자아와 세계의 갈등이 완벽히 사라지는 것은 아닙니다. 둘 중 어느 한쪽도 만만치 않기 때문에 우리는 사는 동안 끊임없이 나와 세계의 갈등 속에 있다고 해도 과언이 아니죠. 그래서 지금부터는 누구보다 치열한 사춘기를 보낸 문학작품 속 인물의 삶을 들여다보며 마음껏 동질감을 느껴보려 합니다.

❋ ❋ ❋

어른이 되어 생각해 보면 조금은 부끄러운 질풍노도의 시기인 사춘기를 잘 담아내 전 세계인의 변함없는 사랑을 받는 소설들이 많습니다. 그중에서도 『호밀밭의 파수꾼』은 한국인이 『데미안』만큼이나 사랑하는 성장소설이죠. 발표 당시 금서에 올랐던 이 불온한 책은 어른으로 가는 길목에서 서성이며 갈등하는 주인공 홀든을 통해 저마다의 사춘기와 다시 만나는 짜릿한 경험을 선사하고 있습니다.

열여섯 살의 홀든 콜필드는 고등학교에서 무려 네 번이나 퇴학당합니다. 표면적으로는 성적 때문인 듯하지만 사실은 청소년기 특유의 충돌성과 예민한 자아를 지닌 홀든에게 혼돈의 시간이 찾아왔기 때문이었습니다. 홀든은 부유한 청소년 시절을 보내고 있었습니다. 변호사인 아버지와 귀여운 여동생 피비, 할리우드에서 시나리오 작가로 활동하는 형이 있는 남부럽지 않은 집안에서 자랐죠. 하지만 그의 아버지는 자식들 교육에는 관심이 없었고, 형은 홀든에게 존경의 대상이 아니었으며, 문학적 감성이 풍부했던 남동생 앨리의 죽음은 그에게 참을 수 없는 슬픔과 고통을 안겨주었습니다. 무엇보다 그가 문제아로 낙인찍히며 방황을 자처한 이유는 인간의 본성을 알아버렸기 때문입니다. 그는 위선적인 어른들의 세계에 지독한 염증을 느끼고 속물적인 중산층의 삶에 반감을 갖게 되었죠. 급기야 퇴학 통지서가 부모님에게 전달되기까지 남은 사흘 동안 홀로 뉴욕으로 떠납니다. 낯선 뉴욕의 뒷골목을 떠돌던 홀든은 적나라한 현실 세계 속에서 더 큰 상실감을 맛봅니다. 그가 만난 어른들은 죄다 위선적이고 비열했으니까요. 어른들에게 절망한 홀든을 지켜준 것은 바로 어린아이들이었습니다. 홀든은 호밀밭에서 뛰어노는 아이들을 보면서 그들의 순수함에 마음의 문을 열게 됩니다. 그리고 결심합니다. 이 아이들을 지켜주는 파수꾼이 되겠다고요.

훗날 홀든은 어떤 어른이 되었을까요? 성장하는 과정에서 큰 상실감과 염증을 느낀 그는 아마도 자신의 다짐처럼 순수함이라는 가치를 지키고자 하는 진정한 어른이 되지 않았을까요. 『호밀밭의 파수꾼』은 문학평론가 정여울 씨의 말처럼 '진정한 어른이 되기 위해 갖추어야 할 내면의 자산이 무엇인지'를 잘 보여주는 소설입니다. 그렇다면 진정한 어른이 되기 위해서 갖추어야 할 내면의 자산이란 무엇일까요? 세 가지만 뽑으라면 저는 독립, 책임, 배려를 꼽고 싶습니다.

첫 번째로 '독립'은 아주 기본적인 조건입니다. 앞서 이야기했듯이 '어른'의 사전적 정의 중 하나는 생뚱맞게도 '결혼을 한 사람'이었습니다. 배우자를 만나 새로운 가정을 꾸리면, 부모의 곁을 떠나 독립한 성인으로서 스스로 생계를 꾸려가는 사람이 된다는 의미를 내포하고 있기 때문일 거예요. 그러나 결혼을 하지 않더라도 독립된 삶은 얼마든지 가능합니다. 독립이란 건 결국 자아를 제대로 세우고 책임지기 위한 조건 중 하나겠죠.

두 번째는 '책임'인데요, 진정한 어른이라면 나의 선택과 내가 행한 일에 책임을 질 줄 알아야 한다고 생각해요. 책임감이 없다면 철없는 어린아이나 마찬가지죠. 내 삶에 대해 정신적, 물질적으로 책임을 지는 자세는 특히 부모로부터의 독립이 전제되어야 가능합니다. 다른 누구로부터도 독립되어 온전히 삶의 주체로서 바로 설 수 있어야 가능한 일이죠. 어른이 되는 과정에서 책임감만큼 중요한 가치는 없습니다.

세 번째는 '배려'입니다. 진정한 어른이 되기 위해서는 다른 사람의 삶과 가치에 공감하고 배려할 줄 아는 삶의 자세가 필요합니다. 독립과 책임이 자아에 대한 인식이라면, 배려는 타인에 대한 인식이겠죠. 이 세 가지가 조화를 이루어 제대로 구현될 때 비로소 우리는 참된 어른이 되었다고 할 수 있을 겁니다.

이때의 '참되다'라는 말에는 각자의 판단이 있을 수 있지만, 위에서 이야기한 세 가지 내면의 자산에 대해서는 이견이 없을 것입니다. 나이가 들수록 지켜야 할 것들은 많아지고 관계도 다양해지기 때문에 그로 인한 갈등도 커지기 마련입니다. 그만큼 무거워진 인생의 무게를 버틸 수 있는 힘은 독립, 책임 그리고 배려를 안고 가는 삶의 태도에 있다고 생각합니다.

48

내가 이미 세 가지 자산을 모두 갖추었다고 생각하는 분들에게는 마지막으로 한 가지를 더 강조하고 싶습니다. 바로 삶의 유한성을 인식하는 태도입니다. '영원한 건 절대 없어'라고 말하는 노래 가사처럼 모든 게 영원하지 않다는 걸 깨달을 때 우리는 성숙해집니다. 진짜 어른은 모든 것에 끝이 있다는 걸 알고 겸손하게 행동하는 사람입니다. 오늘의 행운도, 어제의 불운도 영원하지 않기에 삶은 살아볼 만한 가치가 있으니까요.

＊＊＊

그렇다면 이번에는 '가짜 어른'에 관해서도 이야기해 볼 차례입니다. 우리는 어떤 사람을 두고 나이만 든 가짜 어른이라고 생각할까요? 『호밀밭의 파수꾼』 속 홀든의 옛 스승인 앤톨리니 선생님은 현실의 삶이 주는 고통을 견디지 못해 서부로 도피하겠다는 홀든에게 이렇게 충고합니다.

"이 세상에는 인생의 어느 시기에는 자신의 환경이 도저히 제공할 수 없는 어떤 것을 찾는 사람들이 있는데, 네가 바로 그런 사람이야. 그런 사람들은 자기 자신의 환경이 자기가 바라는 걸 도저히 제공할 수 없다고 생각하지. 그래서 단념해버리는 거야. 실제로는 찾으려는 시도도 해보지 않고 단념해버리는 거야."

저는 앤톨리니 선생님이 말하는 '그런 사람들'이 바로 어른이 되지 못한 이들이라고 생각했습니다. 이것이 바로 가짜 어른들이 세상을 대하는 태도이기 때문입니다. 그들은 세계와의 갈등에서 쉽게 물러나 자포자기하고 쉽게 타협하며 이것을 정당화하기 위해 끊임없이 타인에게 자신의 가치관을 강요합니다. 이런 사람들은 대부분 자신과 타인에게 각기 다른 가치판단의 잣대를 들이댑니다. 우리는 타인에게 관대하고 자신에게는 엄격한 삶을 살아야만 어른이 될 수 있다고 배우지만 이들은 정반대의 태도를 취하곤 하죠. 그런 태도와 가치관으로는 진짜 어른이 될 수 없습니다.

마찬가지로 지금 내가 누리는 모든 것을 '나만의 것'이라고 인식하는 사람들도 가짜 어른입니다. 지금의 지위, 재산, 행복 등을 온전히 자기 능력의 결과물이라고 착각하며 절대시하고 남을 함부로 대하는 일부 사람들의 모습을 보면서 정말 안타까운 마음이 들 때가 있습니다. 자신이 지금 누리는 것에 대한 감사함, 모든 것이 나만의 노력으로 이루어진 것이 아니라는 인식에서 나오는 겸손함이 없으면 타인을 무시하거나 자기중심적으로 행동하기 마련입니다. 모든 일의 성과는 본인의 노력뿐만이 아니라 타인의 성과, 사람들과의 관계 그리고 인간의 영역 너머에 있는 운의 의미 있는 총합으로 만들어집니다. 그 결과로 지금의 삶을 누리게 되었다는 사실을 망각한 채 살아가는 고지식한 사람들은 나이만 먹은 '가짜 어른'이 분명하죠.

　　그렇다면 살면서 이런 사람들과 마주칠 때 우리는 어떤 태도로 그들을 대해야 할까요? 가끔 제게 이런 고민을 토로하는 학생들이 있습니다. 그럴 때 저는 '네 마음 가는 대로, 네가 하고 싶은 대로 해도 괜찮아'라고 조언해 줍니다. 우리가 어른이라고 해서 타인을 배려하지 않는 이들까지 생각해 줄 필요는 없으니까요. 우리는 너무 많은 시간을 배려할 필요가 없는 사람들에게 쓰고 있습니다. 맞아요. 그것이 사회에서 어른으로 사는 법이라고 생각하기 때문이겠죠. 그러나 진짜 어른이 아닌 이들에게는 그럴 필요가 없다고 스스로에게 말해주세요. 그들에게는 단 한 줌의 마음도 건네주지 마세요. 그런 가짜 어른들한테서 상처받는 대신 우리는 내 인생의 멘토가 되어줄 참된 어른을 찾아야 합니다.

* * *

제가 살아오면서 아쉬워하는 것도 젊은 시절, 저에게 진정한 멘토가 없었다는 점입니다. 힘들고 어려울 때 제게 어떻게 살아가라고 조언해 주고 이끌어주는 어른이 없었던 거죠. 아버지가 일찍 돌아가신 후로 어머니는 늘 제가 보호해야 하는 대상이었어요. 그나마 학교 선배들에게 제 고민을 털어놓고 인생 상담을 했지만 지금 생각해 보면 '세상은 부조리하다'고 외치던 그들도 미처 방황을 끝내지 못한 청년들이었습니다. 이십 대 초반의 우리는 모두 순수하고 열정적이었지만 나아가야 할 길을 찾지 못해 정처 없이 헤매는 불안한 존재였던 거죠.

그 시절의 우리는 진정한 어른이 없는 시대를 살았던 것 같습니다. 『호밀밭의 파수꾼』의 홀든도 마찬가지입니다. 그의 주변에는 온통 위선적이고 경박한 어른들만 있었기에 열여섯 살 홀든은 그들을 경멸하는 법밖에 몰랐고 더 많이 방황할 수밖에 없었죠. 우리네 젊은 날도 열정의 깊이나 강도는 부족하지 않았지만 좀 더 멀리 내다보며 삶의 방향을 결정하는 안목은 갖추지 못했습니다. 이때야말로 멘토가 꼭 필요한 시기죠. 저의 이십 대는 멘토를 만나지 못해 코앞에 닥친 과제를 해결하는 데 급급했다는 아쉬움이 남습니다. 인생을 좀 더 멀리, 더 넓게 바라보지 못했던 것이죠.

오늘날 젊은 세대들도 저의 그 시절과 별반 다르지 않으리라 생각합니다. 입시와 취업이라는 허들을 넘는 데만 집중하다 보면 고개를 들어 더 먼 곳을 바라볼 기회가 적을 수밖에, 아니 거의 없을 수밖에 없죠. 삶의 의미를 고민

할 때 도움 받을 대상도 찾기 힘들 것입니다. 그래서 더더욱 이 책이 멘토 없이 어딘가에서 방황하고 있을 누군가에게 조금이나마 도움이 되었으면 좋겠습니다.

저는 가끔 학생들에게 시험공부를 위한 시가 아닌, 잠시나마 삶의 의미를 생각해 보게 해주는 시를 소개하곤 하는데요. 킴벌리 커버거의 유명한 시 「지금 알고 있는 걸 그때도 알았더라면」도 함께 나누고 싶은 시 중 하나입니다. 시에는 이런 구절이 나옵니다.

더 많이 놀고, 덜 초조해 했으리라.

진정한 아름다움은 자신의 인생을 사랑하는 데 있음을

기억했으리라.

부모가 날 얼마나 사랑하는가를 알고

또한 그들이 내게 최선을 다하고 있음을 믿었으리라.

사랑에 더 열중하고

그 결말에 대해선 덜 걱정했으리라.

설령 그것이 실패로 끝난다 해도

더 좋은 어떤 것이 기다리고 있음을 믿었으리라.

쑥스럽지만 감히 멘토를 자처해 지금 빛나는 시절을 지나고 있을 누군가에게 전하고 싶은 이야기들이 있습니다. 바로 이 시를 통해서요. 그들에게 내 인생을 사랑하고 미래를 덜 걱정하라고 말해주고 싶습니다. 학생들을 상담하다 보면 '이렇게 노력했는데 안되면 어떡하죠?'라며 미리부터 미래를 걱정하는 이야기를 많이 듣습니다. 때론 '제 인생 망한 것 같아요'라며 마음 아픈 이야기를 하기도 하죠. 이런 말을 들을 때마다 저는 마음 한구석이 쿵 하고 내려앉습니다. 물론 조바심이 들 수밖에 없다는 걸 압니다. 그러나 그런 걱정 때문에 지레 포기한다면 더 이상 그 어떤 일도 생기지 않을 것입니다. 걱정을 걷어내고 일단 시도해 보고, 그것이 무엇이든 몰입하기 위해 노력해 보세요. 수험도, 일도, 사랑도, 인생도 그렇습니다. 모든 것은 일단 시도하고 몰입해야 성과가 나기 마련입니다. 결말을 미리 걱정하지 마세요. 젊은 시절, 순간에 열중할 줄 아는 몰입의 힘을 기른 사람은 그 일이 혹여나 실패로 돌아가

더라도 어느샌가 다음을 준비할 줄 아는 진정한 어른으로 성숙해 있을 거라 믿습니다. 과감히 실패하는 과정에서 인생의 결말은 이미 조금씩 바뀌고 있으니까요.

살아가는 이유가 있는 사람이 행복한 이유

살아가는 이유

　　우리는 누구나 한 번 주어진 인생을 살아갑니다. 그런데 이토록 소중한 생의 '목적'에 대해서는 진지하게 생각해볼 기회가 많지 않죠. 여러분은 무엇을 위해 살아가고 있나요? 학생들에게 물어도 각양각색의 답변이 돌아옵니다. 사랑을 위해서, 돈과 명예를 위해서, 가족을 위해서, 맛있는 음식을 위해서 살아간다는 학생도 있었어요. 또 어떤 학생은 즐기는 삶 자체에서 행복을 느낀다고도 했습니다. 해보고 싶은 건 다 해봐야 직성이 풀린다는 학생이었죠.

저는 대학교 3학년 채플 시간에 제 삶의 목적에 대해 진지하게 고민해 볼 수 있는 기회를 만났습니다. 저희 학교는 의무적으로 모든 학생이 채플 시간에 참석해야 했는데, 대부분의 학생은 그 시간에 큰 관심이 없어서 딴짓을 하거나 꾸벅꾸벅 졸기 일쑤였죠. 그런데 어느 날엔가 무대 위로 휠체어를 탄 분이 등장하셨습니다.

"저는 말기 암 환자입니다." 그가 자신을 소개한 순간, 엎드려 있거나 신문을 보고 있던 학생들까지도 일제히 무대를 바라보았습니다. 그는 장관직을 역임할 정도로 사회적으로 성공한 동문 선배셨습니다. 그런데 지금은 시간이 얼마 남지 않은 삶의 끝자락에 서 계신 거죠. 그 넓은 강당에서 그분의 한마디 한마디는 지금도 기억이 날 정도로 깊은 감동을 주었습니다. 그날만큼은 아무도 딴짓을 하거나 잠들지 않고 열심히 그 이야기를 경청했습니다. 자신이 이십 대를 보낸 학교에 와서 젊은 후배들에게 정말 간곡하게 들려주고 싶다고 하신 말씀의 요지는 '한 번뿐인 인생을 마음을 다해, 후회 없이 살라는 것'이었습니다.

그날 저는 마치 다시 태어난 듯한 느낌을 받았습니다. 선배님의 말씀처럼 나만의 가치를 찾을 수 있는 일을 해야겠다는 다짐과 함께 내 인생을 좀 더 고양시키기 위해 어떻게 살아야 할지 다시 한번 진지하게 생각하게 되었죠.

* * *

삶의 목적을 고민하게 만드는 수많은 문학 중에서도 '어른들을 위한 동화'라 불리는 트리나 폴러스의 『꽃들에게 희망을』을 소개하고 싶습니다. 이 동화에는 수많은 애벌레가 기어오르는 기둥이 등장합니다. 인간에게 이 기둥은 성공, 명예, 돈, 사랑 같은 것과 비슷하다고 볼 수 있겠죠. 이 작품은 맹목적인 목표가 왜 위험한지를 보여주는 일종의 잔혹 동화이기도 합니다. 그 기둥에 오르기 위해서는 계속해서 누군가를 밟고 올라서야 하기 때문입니다. 현대사회에서는 이런 경쟁이 워낙에 일상화되다 보니 책 속 애벌레들의 이야기에서 그다지 이질감을 느끼지도 못하겠더군요. 아마도 사회가 만들어놓은 기둥 위로 무조건 더 높이 올라가고 봐야 한다는 신념이 만연한 세상에 우리가 살고 있기 때문이겠죠.

호랑 애벌레는 알에서 깨어나 잎을 먹으며 성장하다가 나무를 벗어나 모험을 시작합니다. 그러던 어느 날, 한 방향으로 향하고 있는 애벌레들을 발견하게 되죠. 호기심이 발동한 호랑 애벌레는 그들에게 어디로 가냐고 물었지만 그들도 그저 남들을 따라갈 뿐 어디로 향하는지는 모른다고 답합니다. 어느새 호랑 애벌레도 그들을 따라 이동하기 시작합니다. 그리고 애벌레들이 겹겹이 쌓여 하늘까지 닿아 있는 거대한 기둥 앞에 도착합니다. 애벌레 기둥은 그야말로 아비규환 그 자체입니다. 땅바닥에 떨어져 죽은 애벌레가 가득했죠. 호랑 애벌레는 기둥을 오르던 중 노랑 애벌레를 만납니다. 노랑 애벌레는 꼭대기에 올라서기 위해 남들을 짓밟아야 한다는 것 자체에 의구심을 품고 있었기에 호랑 애벌레를 설득합니다. 경쟁과 혼란에 지친 호랑 애벌레는 노랑 애벌레와 함께 기둥을 내려와 서로 의지하며 그들만의 시간을 즐깁니다. 하지만 그런 나날

도 잠시, 호랑 애벌레는 기둥의 끝에 대한 미련을 버리지 못해 애벌레 기둥으로 돌아가죠. 혼자가 된 노랑 애벌레는 삶의 의욕을 잃은 채 방황하다가 고치를 만드는 늙은 애벌레를 만나 나비로 다시 태어납니다. 한편, 다른 애벌레를 무참히 짓밟으며 기둥 끝에 선 호랑 애벌레는 그 끝에서 무엇을 보았을까요? 놀랍게도 그토록 바라왔던 꼭대기에는 아무것도 없었습니다. 꼭대기에서 바라본 풍경은 실로 놀라웠죠. 이 기둥 말고도 주변에 높이 솟아오른 수많은 기둥이 있었던 것입니다.

동화치고는 다소 충격적인 내용이지만 우리의 삶도 저 애벌레들과 크게 다르지 않습니다. 물론 처음에는 모두 더 나은 삶을 살기 위해 자신이 선택한 길 위에서 열심히 살아갑니다. 그러다가 어느 순간 '내가 왜 여기서 이러고 있지?' 하는 의구심을 갖게 되죠. 하지만 그런 생각을 하는 것도 잠시뿐입니다. 기둥을 오르고 있는 내가 어느새 기둥의 일부가 되어버리면서 서로 짓밟고 짓밟히는 삶에 대해 양심의 가책도 느끼지 않게 되는 것이죠. 내가 밟히기 전에 상대를 먼저 밟아야 하는 경쟁의 굴레에 빠져버린 것입니다.

책에는 이런 구절이 나옵니다.

"우리가 어디로 가고 있는지 궁금했을 뿐이야."

저는 이 문장을 여러 번 되뇌었습니다. 이 평범한 문장이 깊은 울림으로 제게 어떤 조언을 건네주는 듯했기 때문이죠. 그래서 저는 이 소설이 일종의 자아 성찰 이야기라고 생각합니다. 두 애벌레가 나비가 되는 과정은 우리가 자아를 찾아 떠나는 여정과도 같아요. 다만 삶의 새로운 희망을 품기 위해서는 자아를 찾으려는 노력과 계기가 필요합니다. 두 애벌레가 사랑과 죽음을 통해 새로 태어난 것처럼 말이에요.

* * *

이 소설이 한 편의 자아 성찰 이야기라면 결말에 대해서는 어떻게 해석해야 할까요? 저는 소름 끼치도록 현실적인 이 동화에서 유일하게 비현실적인 부분이 결말이라고 생각했습니다. 모든 애벌레가 기둥에서 내려와 나비가 되는 동화 같은 결말이잖아요. 꽃씨를 옮겨줄 나비가 많아졌으니 제목처럼 꽃들에게는 희망적인 소식이죠. 하지만 현실은 그렇지 않습니다. 실제 우리의 삶 속에서는 저처럼 여전히 그 기둥에서 벗어나지 못하는 사람이 대부분이죠.

조금 잔인한 이야기처럼 들릴 수도 있겠지만 저는 우리의 긴 인생에서 한 번은 밟고 밟히며 기둥을 오르는 과정도 필요하다고 생각합니다. 기둥에 매달려 있는 애벌레들의 삶을 한 번쯤은 경험해봐야 그 기둥이 얼마나 위태로운 곳인지 알 수 있고, 기둥 꼭대기의 실체를 알아야 미련을 두지 않을 수 있잖아요. 꼭대기까지는 아니더라도 치열하게 경쟁하면서 때로는 남을 밟아도 보고 남한테 밟혀도 보는 아픔이 있는 사람만이 진짜 자아를 찾을 수 있는 게 아닐까요?

제가 학원 강사를 막 시작했을 무렵에는 치열한 경쟁 속에서도 나만의 가치와 의미를 찾을 수 있을 거라고 막연하게나마 생각했던 것 같습니다. 하지만 일을 하다 보니 우선은 살아남는 게 급선무였죠. 끝없이 기둥을 올라갔어요. 그 과정에서 경쟁은 너무나 치열했고 압박감은 실로 엄청났습니다. 매달 매출에 따른 등수가 매겨지고 실적이 공표됩니다. 이 등수는 수시로 바뀌죠. 그러다 보니 직업인으로서 느낄 수 있는 즐거움은 제게 사치였습니다. 하루하루 밀려나지 않기 위해 안간힘을 써야 했어요.

저뿐 아니라 많은 사람이 그럴 것이라고 생각합니다. 열심히 올라가면 그곳에 그동안의 모든 고통을 보상해줄 가치 있는 것들이 가득할 것만 같죠. 그 과정에서 내가 밟든 밟히든 그 정도의 고통쯤은 견디고 극복해야 성과를 거둘 수 있다는 결과 중심적 사고에만 집중하게 됩니다. 그런데 막상 그 기둥을 올라가 보면 또 다른 기둥으로 옮겨 가야 하는 경쟁이 다시 시작됩니다. 올라가기만 하는 치열한 경쟁의 반복, 우리를 진정으로 행복하게 하는 그 무엇은 거기에 없었습니다. 결국 저의 삶도 맹목적으로 기둥 위에 올라간 애벌레들과 다를 바가 없었더라고요.

심한 좌절감이 파도처럼 밀려왔습니다. 하지만 '위로' 올라가는 길은 이것밖에 없다고, 호랑 애벌레는 그렇게 생각하고 있었습니다. 바로 그때, 꼭대기에서 조그맣게 속삭이는 소리가 들렸습니다.

"이곳에는 아무것도 없잖아!"

그러자 또 다른 목소리가 대꾸했습니다.

"조용히 해, 이 바보야! 밑에 있는 놈들이 다 듣겠어. 우린 지금 저들이 올라오고 싶어 하는 곳에 와 있단 말이야. 여기가 바로 거기야!"

이 구절을 읽으면서 호랑 애벌레가 느낀 오싹함이 저에게도 고스란히 전해졌습니다. 다른 애벌레들이 꼭대기의 이야기를 믿지 않았듯이 우리도 마찬가지입니다. 이미 사회는 우리가 이렇게 맹목적인 목표를 향해 매달리게끔 구조화되어 있습니다. 입시와 각종 시험, 끝없는 성과 경쟁… 모든 것이 살아남아야 하는 서바이벌 게임이고, 꼭대기에서 또 다른 꼭대기로 올라가야 하는 끝없는 욕망의 쳇바퀴입니다.

이렇게 더 높은 기둥으로 옮겨가려고 끝까지 매달려

있는 게 삶에서 어떤 의미가 있는지 우리 모두 생각해 볼 때가 온 것 같습니다. 날마다 아등바등 더 높은 곳으로 올라가려고 애쓰는 삶은 나에게 어떤 의미일까요? 질문이 너무 막연하고 추상적이라면 이렇게 한번 생각해 보세요. 남은 시간이 일주일밖에 없다고요. 나에게 주어진 시간이 일주일밖에 없다고 해도 우리는 계속해서 기둥을 오르고 싶을까요? 내가 생의 끝자락에 서 있다면 지금 진정으로 하고 싶은 일은 무엇일까요?

아직 젊은 청춘이라면 더더욱 와 닿지 않는 이야기일 수도 있겠지만 꼭 해주고 싶은 이야기가 있습니다. 성공이라는 맹목적인 목표를 향해 달려도 봤지만, 삶에서 성과나 성공보다 소중한 것은 건강이라는 것입니다. 몸의 건강뿐만이 아니라 마음의 건강이 가장 귀한 것이라는 사실을 저는 경험을 통해 절실히 깨닫고 있습니다. 얼마 전 건강에 이상이 생겨서 수술을 했거든요. 수술 날짜를 잡고 난 후에도 제 머릿속은 온통 수술로 인해 지장이 생길 수업에 대한 염려로 가득 찼습니다. 몸이 아픈데 내가 해야 하는 일만 걱정하고 있었던 것입니다. 입원하기 하루 전까지

수업을 하고 급히 짐을 챙겨 입원 수속을 한 후에도 계속 전화로 일을 하다가 병원 침대에 눕고 나서야 '아, 내가 아프구나' 하고 현실감이 들더라고요. 조용한 병실의 밤, 복도를 오가는 발걸음과 누군가를 염려하는 듯한 나지막한 대화, 링거를 꽂은 채 힘겹게 걸어가는 듯한 숨소리…. 미친 듯이 달려왔던 저의 모든 일정이 병실에서 멈추고 나서야 비로소 이 작은 소리들이 들리기 시작했습니다. 제가 입원한 병원은 신촌 세브란스 병원이었는데, 창밖을 보니 대학과 대학원을 다니며 젊은 날의 대부분을 보냈던 교정이 보이더군요. 가벼운 주머니의 대학생들에게는 참으로 감사했던 학생회관의 식당도 보였고요. 뜨겁게 문학을 논하며 시간을 보냈던 인문대학의 언덕도 저 멀리 보였습니다. 나름 순수했고, 나름의 뜨거운 열정도 가지고 있던 젊은 날의 제가 사회에 나가 치열한 경쟁의 현장에서 끝없이 맨 꼭대기로 오르기 위해서 부대끼다가 결국 환자복을 입고 병실에 들어오게 된 것이지요. 갑자기 여러 생각이 들었습니다. '그래, 나 역시 맹목적으로 기둥을 기어오르던, 멈추는 방법을 모르거나 멈출 용기가 없었던 애벌레였구나…' 하고요.

그렇게 수술을 마치고 퇴원을 한 이후, 제 삶은 아주 조금 변했습니다. 여전히 기둥에 매달려 있지만 이제 저는 언젠가 이 위태로운 기둥에서 내려가 나비로서 날아오를 또다른 시간을 준비할 용기와 기회를 꿈꾸고 있습니다. 제 별명이 공노비(공단기 학원 노비)잖아요. 여전히 저는 하루의 대부분을 학원에서 일을 하며 보내고 있지만 이제 과도한 압박감과 의무감에서 조금 벗어나서 오로지 저만을 위한 너그러운 시간을 가져보려 노력하고 있습니다. 이 책을 준비했던 것도 그런 이유에서였고요. 그 첫 단추를 끼우는 일이었죠.

여러분이 지금 어느 자리에 있든지, 순수하게 나만의 행복을 채우는 시간을 가져보면 좋겠습니다. 짧든 길든 말이죠. 그러기 위해서 우리 함께 유한한 삶을 더 풍요롭게 만들어주는 것들과 함께 긴 인생의 여정을 걸어가 보면 어떨까요. 영화「죽은 시인의 사회」에서 키팅 선생님은 '의술 · 법률 · 사업 · 기술 모두 고귀한 일이고 생을 유지하는 데 필요한 것이지만, 시 · 아름다움 · 낭만 · 사랑 이런 것이야말로 우리가 살아가는 목적'이라고 말합니다. 맞습니다. 생을 유지하기 위해 지금은 아등바등 살 수밖에 없지만 그런 와중에도 여러분이 문학을 통해 아름다움, 낭만, 사랑… 이런 것들로 가득 찬 세상을 잠시나마 꿈꿀 수 있다면 더 바랄 것이 없겠습니다.

기꺼이 나로 살아갈 용기

청춘

매일 공무원 시험을 준비하는 분들께 국어 과목을 가르치며, 저는 늘 여러 모습의 청춘을 마주합니다. 어떤 날은 열정에 불타 눈을 반짝이는 모습을, 또 어떤 날은 불안에 초초해하는 모습을 봅니다. 여러분은 '청춘'이라는 단어를 들으면 어떤 것들이 떠오르시나요? 자유와 불안, 자신감과 자괴감, 강함과 나약함처럼 모순된 단어들이 동시에 떠오르진 않나요? 청춘은 인생에서 가장 자유롭고 당찬 기운이 넘치는 시기이기도 하지만 한편으로는 넘치는 에너지를 어떻게 발산해야 할지 알 수 없어서 혼란스러운 시기니까요. 그렇지만 저는 제 수업을 듣는 학생들의 눈부신 청춘을 마주할 때면 여전히 설레는 마음이 더 큽니다. 그렇게 어른이 되어갈 이들을 지켜보는 일은 경이롭고 때론 눈물 나게 짠하기도 해요.

문학작품 중에도 청춘을 이야기할 때 절대 빼놓을 수 없는 것들이 있죠. 어떤 작품들이 떠오르시나요? 『데미안』, 『호밀밭의 파수꾼』, 『수레바퀴 아래서』… 머릿속을 스치는 수많은 작품이 있지만 저는 그중에서도 무라카미 하루키의 소설 『노르웨이의 숲』을 좋아합니다. 이 소설을 한마디로 설명하자면 그야말로 '청춘의 고독과 방황을 섬세하게 포착해 낸 현대 일본 문학의 대표작'입니다. 국내에서도 신드롬에 가까운 인기를 끌었었죠. 문단에서는 대학 초년생들이 가장 감명 깊게 읽은 문학작품 중 하나로 이 책을 꼽는 데에 우려를 표하는 분위기가 있을 정도였습니다. 문학평론가 유종호 씨는 '고급문학의 죽음을 재촉하는 허드레 대중문학'이라고 일갈하기도 했습니다.

그러나 이토록 수많은 청춘이 이 소설을 읽고 공감한

데는 분명 이유가 있을 것입니다. 그것은 아마도 자신들과 동년배인 주인공 와타나베가 겪는 성장통에 크게 공감했기 때문이겠죠. 무엇보다 이 소설은 청춘의 방황을 이야기할 때 죽음과 사랑을 빼놓고는 소설 속 인물들을 제대로 이해할 수 없습니다. 그래서 저는 우리가 이 소설을 단순히 성적 호기심을 부추기는 난잡한 대학생들의 이야기로 치부해서는 안 된다고 생각해요. 그럼 제가 사랑하는 소설 『노르웨이의 숲』을 통해 청춘에게 죽음은 어떤 의미인지부터 생각해 볼까요?

* * *

청춘에 대해 말하다가 갑자기 죽음이라니, 조금 당황스러울 수도 있을 테지만 제가 하고 싶은 이야기는 죽음을 포함한 모든 이별과 상실에 관한 것입니다. 영원히 내 곁에 있을 것 같던 이들과의 이별이나 소중한 시절, 물건, 심지어는 한때의 감정과의 이별에도 우리는 자주 아파하곤 합니다. 청춘은 유난히도 많은 이별과 상실을 겪는 시기죠. 마음도, 몸도 빠르게 변하고 주변 환경도 빠르게 바뀌는 시기이기 때문일 겁니다. 제 수업을 듣는 청춘들도 이별과 상실의 경험을 제게 들려주곤 합니다.

『노르웨이의 숲』은 그런 청춘의 시간을 지나온 중년의 와타나베가 보잉 747기를 타고 독일의 함부르크 공항으로 향하는 도중에 열아홉 살의 봄날을 회상하는 것으로 시작됩니다. 고교 시절의 끝자락에 와타나베는 친구인 기즈키의 자살 소식을 듣게 되죠. 그의 자살은 와타나베에게 죽음이 삶의 일부라는 사실을 깨닫게 해주며 크나큰 상실감을 안겨줍니다. 대학 입학 후에 그는 기즈키의 애인이었던 나오코를 만나 기즈키를 잃은 상실감을 공유합니다. 그러던 중 그녀의 스무 번째 생일날 둘은 육체적 관계를 갖게 됩니다. 그 후 나오코와는 연락이 두절되고, 몇 달 후 요양소에 있다는 소식이 담긴 한 통의 편지를 받습니다. 그리고 다시 그 무렵 와타나베는 활발한 성격의 여대생 미도리를 만나 새로운 일상을 이어갑니다. 하지만 나오코마저 반복되는 허무와 상실을 견디지 못해 요양원 숲속에서 목을 매 자살했다는 소식을 듣게 되지요. 와타나베는

'불완전한 세계에서 불완전한 존재'로 방황과 상실을 이어 나가며 삶을 지속합니다.

『노르웨이의 숲』은 청춘의 한때를 그리고 있는 듯 보이지만 사실은 이별을 통해 삶을 이야기하고 있습니다. 가까운 이들과의 숱한 이별을 견디며 살아가는 청춘들에게 중요한 것은 결국 이별 후에도 살아내야 하는 '삶'입니다. 친구와 연인의 자살로 상실과 방황을 거듭하던 와타나베가 '피가 통하는 생기 넘치는 여자'인 미도리를 만나 다시 살아가듯이 우리는 언제 닥칠지 모를 이별을 향해 가는 동시에 오늘의 삶을 이어나가야 합니다. 그렇다면 우리의 빈약하고 불안정한 청춘은 어떻게 이 힘든 시기를 견뎌내야 할까요? 견뎌낸다는 표현보다는 그저 어떻게 살아가야 하는지 이야기해 보고 싶습니다.

나오코는 자살한 언니와 남자친구와의 과거에만 갇혀 있다가 결국 자신도 죽음을 택합니다. 이별과 죽음의 상실감에서 끝내 벗어나지 못한 것이지요. 그러나 나오코와 달리 와타나베는 방황 끝에 새로운 삶을 예고합니다. 미도리에게 전화를 건 것이죠. 제가 이 소설에서 와타나베보다 더 애틋하게 여긴 인물이 바로 미도리입니다. 거침없고 털털한 성격의 미도리는 소설 속 배경이 1960년대 후반이라는 점을 고려하면 꽤나 파격적인 캐릭터입니다. 청춘의 특권이 방황과 상실이라지만 그것에 매몰되지 않고, 삶을 긍정적으로 변화시키려는 인물이죠. 저는 이런 청춘이 와타나베의 곁에 있었기 때문에 그가 삶을 포기하지 않고 계속 살아갈 수 있었다고 생각해요.

청춘들의 흔들리는 삶 속에서 다만 '사랑'만이 구원이 되어줄 수 있다는 것을 이 소설은 말해주고 있습니다. 그 시절의 청춘들에게는 사랑만큼 소중하고 의미 있는 것도 없지요. 이 글을 읽고 있는 여러분이 청춘이라면 아마도 지금 이 순간 사랑하는 사람의 얼굴이 떠오르리라 생각합니다. 선명히 떠오르는 얼굴이 있다면 지금 바로 사랑한다고 말해주는 건 어떨까요? 달려가 말해줘도, 목소리로 전해줘도, 글로 보내줘도 좋겠습니다. 당신이 언젠가 이별의 상실감에 빠져 방황할 때 필요한 한 가지가 있다면 바로 그의 사랑일 것입니다. 그리고 와타나베가 그러했듯이 그 사랑이 놀랍게도 당신의 삶을 구원하겠지요. 사랑 하나로 삶을 구원할 수 있다니, 청춘의 상실과 사랑은 이렇게나 충만하고 단순하며 아름답습니다.

* * *

그러나 이렇게 끝나지 않을 것만 같았던 청춘의 방황도 결국에는 끝이 납니다. 물론 그걸 깨닫기까지 지난한 여정을 거쳐야겠지만요. 그 시기를 지나오면 결국 우리는 성장해 있는 나를 발견할 수 있을 것입니다. 뻔한 이야기지만 정말 그렇습니다. 그래서 저는 와타나베가 해외 출장길 비행기 안에서 자신의 청춘을 회상하는 도입부를 가장 좋아합니다. 그도 어느새 평범한 삶을 살아가는 중년이 된 것이지요. 그런데 문득 이런 생각도 듭니다. '치열했던 청춘을 지나온 와타나베는 이제 걱정할 것도, 배울 것도, 성장할 것도 없는 무료한 시간을 보내는 것일까?' 제 생각부터 말하자면 그렇지 않습니다. 앞에서도 잠깐 언급했던 성장소설『데미안』에는 이런 유명한 구절이 등장하죠.

새는 알에서 나오려고 투쟁한다. 알은 세계이다. 태어나려는 자는 하나의 세계를 깨뜨려야 한다.

『데미안』에서 말하는 것처럼 성장은 단단하고 견고했던 세계가 흔들리는 것입니다. 나보다 큰 세계를 만나면서 내가 얼마나 작고 초라한 존재인지 깨닫는 과정은 결과적으로 새로운 나를 만나는 과정이지만 그야말로 고통스럽기에 성장통이라고 표현하죠. 그런 의미에서 청춘만 성장할 수 있는 건 아니라고 생각합니다. 내가 알던 세계의 안정감이 흔들릴 때 우리는 언제든 또다시 성장통을 겪을 수 있습니다. 더 큰 세계를 만나고, 새로운 나를 알게 되는 순간이 온다면 언제든지요. 물론 청춘만이 지닐 수 있는 낭만적 시선이나 순수한 마음은 퇴색되겠지만요. 영원히 피터팬으로 살 수는 없지만 대신 이제야 비로소 나 자신이 되었으니 너무 아쉬워하지는 않길 바랍니다.

***

    흔히들 이야기하는 청춘의 시기를 한참 지나온 제 이야기를 한번 해볼까요. 저는 원래 'NO'라는 말을 잘 하지 못하는 성격이었어요. 하지만 학원 생활을 오래 하면서 때로는 냉정하게 거절할 줄도 아는 어른이 되었습니다. 누구나 그렇듯이 저도 사회생활을 하며 성장한 것이죠. 성장은 거창한 담론이 아닙니다. '나는 나로 살기로 했다'라는 선언도 일종의 성장 아닐까요? 누구나 한 번쯤은 들어봤을 헨리크 입센의 소설 『인형의 집』에서 주인공이 안온한 삶을 상징하는 집에서 뛰쳐나오는 것 같은 거창한 결단이 아니더라도 말입니다. 아주 작은 용기를 내 일상의 소소한 것부터 바꿔나가는 행동도 성장이라 할 수 있습니다. 작은 결단들이 모여 삶의 방향을 완전히 바꿔놓을 수도 있으니까요.

    물론 그런 작은 경험과 도전을 가능하게 해주는 계기가 있다면 더 좋겠지요. 누구에게는 그 계기가 책일 수도, 종교일 수도, 가족일 수도 있습니다. 『인형의 집』의 주인공 노라에게는 린데 부인이 바로 그 계기였습니다.

세 아이의 어머니이자 남편의 사랑을 듬뿍 받는 노라. 천진난만한 성격의 노라에게 어느 날 학창 시절 친구인 린데 부인이 찾아옵니다. 남편이 죽은 후 어렵게 살다가 오랜만에 노라를 찾아온 린데 부인은 노라의 천진난만함을 두고 세상 물정을 모른다며 빈정댑니다. 발끈한 노라는 몇 년 전 남편이 병에 걸렸을 때 아버지의 서명을 위조해 요양 경비를 빌렸던 비밀을 털어놓고 맙니다. 그리고 남편 헬멜에게 자신의 비밀을 알고 있는 린데 부인의 일자리를 부탁하지요. 노라의 삶에 균열이 생기기 시작한 것은 이때부터입니다. 노라의 비밀을 알고 있는 또 한 사람인 크로그스타가 해고당할 위기에 놓이자 그는 노라에게 비밀을 폭로하겠다고 협박합니다. 이 와중에 남편의 오랜 친구인 랭크 박사는 노라에게 사랑을 고백하고요. 모든 비밀이 드러나자 남편은 노라가 자신의 인생을 망쳤다며 비난합니다. 그제야 노라는 깨닫습니다. 그들의 결혼은 단 한 순간도 진실한 적이 없었다는 것을 말이죠.

당신은 저를 이해하고 있지 않아요. 그리고 저도 오늘 밤이 되기까지 한 번도 당신을 제대로 이해한 적이 없었어요. (…) 아니 단지 명랑했을 뿐이에요. 그리고 당신은 항상 저에게 아주 친절했지요. 하지만 우리 가정은 단순한 놀이터에 지나지 않았던 거예요. 여기서 저는 당신의 인형 부인이었죠.

노라는 남편과 가족을 위해 헌신했지만 결국 자신의 삶이 끝끝내 그들에게 이해받지 못한다는 사실을 깨닫고 허위와 위선뿐인 '인형의 집'을 떠납니다. 더 이상 아내와 어머니로 살아가지 않겠다고 결심한 것이지요. 중년의 노라가 '나로 살기'를 결심하고 훌쩍 성장했듯이 삶에서 성장은 불시에 찾아오곤 합니다. 우리도 대부분의 시간을 직장 동료로서, 자식으로서, 엄마로서 여러 가지 역할에 충실하며 살아갑니다. 그래서 우리는 진정한 나로 살아가지 못하는 때가 많죠. 온전한 나로 살아갈 시간은 점점 줄어들고, 주변 사람 중에 나를 나로 살아갈 수 없게끔 만드는 인물은 점점 더 늘어납니다. 혹시나 그런 사람이 지금 내 주변에 있다면 당장 그와 멀어지세요. 저도 이런 경우 그와 물리적으로 거리를 두기 위해 부단히 노력하는 편입니다. 그런 사람들과 함께하면 내가 계속 상처받을 수밖에 없으니까요.

문득 노라가 집을 나와서 어디로 갔을지 궁금해지네요. 그녀가 선택한 새로운 길이 무엇인지는 알 수 없지만, 한때 삶의 전부였던 어머니와 아내로서의 삶을 포기하고 나선 길이니 그 어떤 성장통도 잘 이겨낼 수 있으리라 믿습니다. 물론 그녀의 결말이 '오래오래 행복하게 살았답니다' 같은 해피엔딩은 아니었을 거라고 짐작해 봅니다. 분명 노라는 그 이후에도 계속해서 인생의 갈림길을 마주하고, 그때마다 최선을 택하고, 때로는 선택을 후회하기도 하면서 성장통을 겪어야 했을 것입니다. 우리의 삶이 드라마나 영화처럼 마냥 아름답지만은 않으니까요. 성장할 때마다 청춘의 고독과 상실, 불안을 끊임없이 겪어야 할지도 모르겠습니다. 그러나 그런 과정에서 우리의 존재 가치는 점점 더 고양되리라 믿습니다.

그래서 저는 진정한 나로 살며 늘 성장하기를 원하는

모든 사람에게 불안과 고독을 맞닥뜨릴 준비가 되었다면 언제든지 갇힌 새장에서 뛰쳐나가라고 말해주고 싶습니다. 그 후의 성장통을 견디고 나면 분명 값진 보상이 주어질 테니까요. 물론 성장통을 선택한다는 것은 항상 두려운 일입니다. 저 역시도 그러했습니다. 새로운 성장을 위한 도전을 하는 과정에서 고통스러울 때마다 자꾸 뒤를 돌아보며 후회하기도 했습니다. 그때마다 『노르웨이의 숲』의 와타나베는 모든 성장은 상실과 고통을 통해 이루어진다는 것을, 『인형의 집』의 노라는 용기와 결단 없이는 어떠한 성장도 이룰 수 없다는 것을 저에게 일깨워주곤 했습니다. 그들이 저에게 말해줬듯이 저도 여러분에게 말해주고 싶습니다. '너는 기어코 껍질을 깨고 새로운 세계와 마주하게 될 거야. 내가 그랬듯이.'

* * *

마지막으로 당부하고 싶은 것은 '모험하는 삶'과 '안정적인 삶' 둘 중 어떤 삶을 선택하든 나쁜 선택지는 없다는 것입니다. 안정적인 삶을 살아가며 모든 것에 감사함을 느끼고 늘 겸손함을 잃지 않는 이들은 안정감과 따스함 그리고 겸손과 관용의 미덕을 지니고 있습니다. 그리고 새로운 삶을 꿈꾸며 기존의 세상에서 과감히 뛰쳐나오는 것을 두려워하지 않는 이들은 삶 속에 열정과 신념을 녹여내죠. 모든 삶에는 저마다의 가치가 있습니다. 중요한 것은 둘 중 어떤 삶을 선택할 것인가가 아니라 기꺼이 나로 살아갈 용기입니다.

밉지만
어여삐 여기는 마음이란

성찰

　　혹시 「나쁜 남자」라는 드라마를 기억하는 분이 계실까요? 김남길과 한가인이 열연을 펼친 드라마로 치명적인 매력으로 자신의 욕망을 향해 거침없이 질주하는 한 남자의 사랑과 야망을 그린 정통 멜로 드라마입니다. 2010년에 방영된 드라마로 무려 10년이 넘은 이 드라마를 제가 어떻게 기억하고 있는 걸까요? 바로 이 드라마가 그 이름도 유명한 스탕달의 고전소설 『적과 흑』에서 모티브를 따왔기 때문입니다. 김남길이 연기했던 심건욱 역이 바로 소설의 주인공 쥘리앵 소렐이었죠. 드라마 속 심건욱은 만나는 여자마다 꼬시고 배신하기를 반복하다가 비극적인 결말에 이르는 인물이었던 걸로 기억합니다. 혹시 이 드라마를 재미있게 본 시청자가 이 글을 읽는다면 '내가 본 드라마의 소재가 알고 보니 고전소설이었다니!' 하고 놀랄 수도 있겠습니다. 그렇다면 책이 출간되고 200년 가까이 흐른 오늘날까지 여러 영화와 드라마, 음악의 모티브가 되는 『적과 흑』은 대체 어떤 작품일까요?

＊ ＊ ＊

이 소설은 19세기 초 프랑스의 격변기를 배경으로 신분 상승을 꿈꾼 한 청년의 비상과 추락을 다룬 작품입니다. 목수의 아들이자 명민한 신학생인 쥘리앵 소렐. 그는 비천한 신분에서 벗어나길 갈망하죠. 하지만 나폴레옹의 몰락과 함께 들어선 왕정복고체제에서는 더 이상 군인으로 출세하기가 힘들어졌습니다. 이런 시대적 배경에서 그는 성직자가 되어 평민의 신분에서 벗어나기로 결심하죠.

하지만 그는 수련 기간 중 시골 도시 베리에르 시장 집의 가정교사로 들어가 그의 아내인 드 레날 부인을 유혹합니다. 그 후 드 레날 부인과의 염문설이 퍼지자 가정교사를 그만두고 신학교로 도피합니다. 그곳에서 라틴어 실력을 인정받은 쥘리앵은 늙은 대주교의 흠모를 받는 성직자가 되지만 이는 그저 그가 꿈꾼 출세를 위한 발판에 불과합니다. 결국 그는 파리 권력의 중심인 드 라 몰 후작의 개인 비서가 되고 그의 딸 마틸드를 유혹하는 데도 성공하지요. 마틸드가 임신하자 드 라 몰 후작은 어쩔 수 없이 쥘리앵을 귀족 신분으로 만들어주기 위해 돈과 영지까지 물려줍니다. 드디어 그토록 염원하던 출세 가도의 첫발을 내딛게 된 순간, 드 라 몰 후작의 집으로 한 통의 편지가 도착합니다. 바로 드 레날 부인의 고발이었지요. 쥘리앵의 정체를 알고 분노한 후작은 그와 딸의 결혼을 허락하지 않습니다. 쥘리앵은 이성을 잃은 채 미사 중이던 드 레날 부인에게 달려가 그녀에게 총을 쏩니다. 부인은 살아남았지만 쥘리앵은 단두대에서 참수형을 당하고 맙니다.

몇 줄의 줄거리에서도 알 수 있듯이 쥘리앵은 신분 상

승이라는 야망을 달성하기 위해 앞만 보고 질주하는 인물입니다. 그를 사랑한 드 레날 부인도 자신의 모든 것을 버릴 만큼 욕망에 충실했죠. 이들은 자신의 감정에 굉장히 (사실은 지나치게) 충실했습니다. 쥘리앵의 캐릭터가 동서고금의 독자들을 매료시킨 이유도 여기에 있죠. 스탕달이 『적과 흑』에 관한 초안문에 써놓은 다음과 같은 설명으로 쥘리앵이 전적으로 미화되고 이상화된 인물이 아님을 알 수 있습니다. 그래서 그가 더욱 매력적으로 느껴지죠.

작자는 쥘리앵을 결코 하녀들을 위한 통속 소설의 주인공처럼 취급하지는 않습니다. 작자는 이 주인공의 결점과 그의 마음의 나쁜 움직임을 모두 보여줍니다. (…) 쥘리앵은 모욕당하고 고립되고 무지하고 호기심이 많으며, 오만으로 가득 찬 어린 농부입니다.

욕망을 향해 질주하는 과정에서 성찰을 통해 스스로 속도를 줄이는 일은 굉장히 어렵습니다. 성공과 사랑을 이루기 위해 매 순간 자신의 전부를 걸고 돌진하는 쥘리앵이 끝내 죽음마저도 두려워하지 않았던 것처럼 말이죠. 그러나 쥘리앵이 단두대에서 머리가 잘려나가는 비극적인 결말에 도달하기 전에, 드 레날 부인이 쥘리앵의 사형 집행 이후 사흘 만에 마치 운명처럼 죽음을 맞이하기 전에 그들이 욕망의 속도를 늦출 성찰의 시간을 가졌다면 어땠을까요? 이 소설의 결말도 조금 달라졌을까요?

이 소설에서 제가 가장 흥미로웠던 부분은 신분 상승에 눈이 먼 쥘리앵이 자의식에 취해 드 레날 부인을 향한 자신의 진실한 사랑까지도 알아채지 못하는 모습이었습니다. 브레이크 없는 욕망은 이렇게 사람의 눈을 가립니다. 내가 진짜 원하는 것이 무엇인지, 지금의 내가 어떤 모습인지 전혀 알아차릴 수 없죠. 쥘리앵은 감옥에 갇혀서야 비로소 자신이 진정으로 드 레날 부인을 사랑했음을 깨닫게 됩니다. 그리고 생의 마지막 순간에 가서야 성찰의 시간을 갖습니다. 그래서일까요. 쥘리앵은 어쩐지 편안한 마음으로 죽음을 맞이하는 사람처럼 보입니다.

잘려 나가려는 그 순간만큼 그 머리가 그렇게 시적인 적은 일찍이 없었다. 한때 베르지의 숲 속에서 지냈던 가장 감미로운 순간들이 한꺼번에 그의 머릿속에 강렬하게 되살아나는 것이었다.

모든 것이 단순하고 자연스럽게 끝났으며 쥘리앵은 아무런 가식 없이 최후를 마쳤다.

욕망 때문에 눈이 멀게 된 건 쥘리앵뿐만이 아니었습니다. 드 레날 부인도 순수한 사랑만을 좇으며 자아를 제대로 인식하지 못했죠. 그건 마틸드도 마찬가지입니다. 스릴과 자극만을 추구하며 계산적인 사랑을 합니다. 이들의 욕망으로 얼룩진 이야기에서 저는 이카루스의 날개를 떠올렸습니다. 그리스 로마 신화에 등장하는 이카루스는 밀랍 날개를 달고 하늘로 날아올라 미로 속에서 탈출한 인물인데요, 하늘을 나는 것에 재미를 붙이고 더 높이 날 수 있다는 자만에 빠져서는 아버지의 경고를 잊고 태양을 향해 더 높이 날아오르다 밀랍이 녹아 바다로 추락하고 맙니다.

물론 인간의 삶에서 욕망을 아예 없애는 것은 불가능

합니다. 그러나 우리는 이카루스의 아버지 다이달로스가 아들에게 당부했듯이 '너무 낮게 날아서 날개가 파도에 젖지 않도록, 너무 높게 날아서 태양에 날개가 녹아내리지 않도록' 적당한 높이를 유지하며 살아가야 합니다. 그리고 이러한 삶의 균형을 유지하기 위해서는 '성찰'이라는 수단이 반드시 필요합니다. 성찰만이 폭주하는 욕망의 속도를 잠시 멈춰줄 수 있기 때문이죠. 성찰은 내가 지금 달려가는 방향이 과연 올바른지, 이 노력의 강도가 내 일상의 균형을 깨트리는 것은 아닌지, 진정한 성취는 무엇인지를 상기하면서 건강하게 앞으로 나아가는 법을 알려줍니다.

***

그렇다면 이쯤에서 궁금한 것이 있습니다. 우리가 흔히 혼용하는 후회, 반성, 성찰에는 어떤 차이가 있을까요? 사전적인 의미를 파악하는 대신 자의적인 해석을 해보자면, 후회는 '내가 왜 그랬을까?'에 대해 생각하고 아쉬워하는 감정이겠죠. 반성은 내가 무언가 잘못한 것은 없는지 돌이켜 보는 자세이고요. 그다음 단계가 성찰 아닐까 생각합니다. 지나온 시간에 아쉬운 점이 있다면 내가 잘못한 바는 없는지 돌이켜 보고 다음에는 이렇게 해야겠다고 다짐하며 앞으로 나아가는 것. 그게 바로 성찰 아닐까요? 확실히 후회와 반성보다는 한발 나아가는 개념이죠. 과거의 나를 되돌아보면서 미래에 대한 다짐도 해야 하기에 아무래도 시간이 많이 필요할 겁니다. 그래서 더더욱 성찰은 어려운 과정입니다.

『적과 흑』의 주인공 쥘리앵도 야망을 꿈꾸느라 성찰할 시간이 부족했던 거죠. 소설의 마지막에 다다랐을 때 쥘리앵은 비로소 첫 성찰을 이뤄내고 탈옥이 아닌 죽음을 택합니다. 자신의 욕망을 위해 매 순간 모든 것을 걸었던 한 남자의 마지막 선택은 지금까지도 이 소설이 불멸의 고전으로 남아 있게 된 이유 중 하나일 것입니다.

이렇듯 인생을 살아가며 꼭 필요한 성찰. 여기 '성찰'이라고 하면 바로 떠오르는 시인이 있습니다. 바로 윤동주입니다. 그처럼 끊임없이 자신을 성찰해 온 시인도 드물 것입니다. 그의 욕망은 '한 점 부끄러움이 없는 삶'이었죠. 그래서인지 그는 영원한 청년의 이미지를 갖고 있습니다. 그의 시도 대부분이 습작시로 특유의 투박함이 매력적이고요. 저는 윤동주의 시를 읽으면 수줍음 많은 소년의 일기장을 훔쳐보는 느낌이 듭니다. 우리가 그를 '자아 성찰의 시인'이라고 부르는 이유도 여기에 있습니다. 그는 잎새에 이는 바람에도 부끄러움을 느끼며 자아를 성찰했던 시인입니다. 순수하고 솔직한 자기 고백과 담담한 성찰은 시를 읽는 이들까지 자신의 삶을 돌아보게 하는 묘한 매력이 있습니다.

산모퉁이를 돌아 논가 외딴우물을 홀로 찾아가선 가만히 들여다봅니다.

우물 속에는 달이 밝고 구름이 흐르고 하늘이 펼치고 파아란 바람이 불고 가을이 있습니다.

그리고 한 사나이가 있습니다.

어쩐지 그 사나이가 미워져 돌아갑니다.

돌아가다 생각하니 그 사나이가 가엾어서집니다.

도로 가 들여다보니 사나이는 그대로 있습니다.

다시 그 사나이가 미워져 돌아갑니다.

돌아가다 생각하니 그 사나이가 그리워집니다.

우물 속에는 달이 밝고 구름이 흐르고 하늘이 펼치고 파아

란 바람이 불고 가을이 있고 추억처럼 사나이가 있습니다.

윤동주 시인의 대표작인 「자화상」은 순수하고 평화
로운 유년 시절에 머물고 싶은 갈망과 이를 떨쳐내고 현
실로 나아가야 한다는 결심 사이에서 서성이는 시인의 고
뇌를 잘 보여주고 있습니다. 이는 일제 강점기에 지식인으
로서 소임을 다하지 못하는 자신에 대한 부끄러움과 그러
한 자괴감을 극복하고자 치열하게 갈등하는 모습을 그린
것이기도 합니다.

우물 속의 얼굴은 달과 구름과 하늘과 바람 사이에 순수하고 평화롭게 머무는 시인의 모습입니다. 그런 자신의 얼굴이 미워지기도 하고 때로는 그리워지기도 하고 가끔은 가엾어지기도 하죠. 이 망설임과 갈등은 '부끄러움'이라는 자기 인식으로 집약됩니다. 유년의 순수한 낙원과 비교해 볼 때 지금 자신은 현실의 모순과 균열 속에 살고 있으니 부끄러울 따름입니다.

자, 그럼 이번에는 우리의 삶을 떠올려볼까요? 우리는 대부분 스스로 부끄러움을 느끼거나, 타인에게 상처를 주고 괴로움을 느끼는 등의 작고 미세한 감정의 결까지는 느끼지 못한 채 살고 있습니다. 그래서 잎새에 이는 바람에도 괴로워하는 시인의 마음이 더 아름답고 절절하게 느껴지는 것이죠. 폭풍이 불어닥쳐야만 '내가 뭘 잘못했나?' 하며 돌아보는 우리는 잎새에 이는 바람 따위는 느끼지 못하니까요.

어떻게 그는 이렇게까지 순결하게 자기 내면을 고백하고 부끄러워할 수 있을까요. 우리도 가끔은 누군가에게 나의 약점이나 과오를 숨김없이 고백하고 싶을 때가 있습니다. 부끄럽고 후회스럽지만 솔직하게 토로하고 나면 마음이 한결 가벼워지잖아요. 다만 말해주고 싶은 것은 스스로 성찰하고 반성하는 과정이 나를 심한 자괴감에 빠뜨려 미워하게끔 해서는 안 된다는 것입니다. 그래서 발전적인 성찰을 하기 위한 노력이 필요한 것이고요. 그러기 위해서는 일단 나 자신을 아는 것이 가장 중요합니다. 자각은 성찰의 시작점이기도 하죠. 그리고 더 중요한 것은 자신을 어떤 틀에 가두어놓고 규정하지 않아야 한다는 것이에요. 그러니까 타인을 열린 마음으로 보라고 하는 것처럼, 나를 좀 더 열린 마음으로 보려는 노력도 필요하지 않을까요?

한마디로 우리에게는 내 안의 다면성을 이해하고 인정하는 연습이 필요합니다. 일할 때 나는 이런 사람이지만 친구들과 있을 때는 저런 사람이고, 집에서는 또 다른 사람일 수도 있는 거죠. 나의 모습을 한 가지로 규정짓고 판단하려 하지 마세요. 다양한 내 모습을 인정하는 것이 나를 좀 더 객관적으로 파악하는 방법일 수도 있습니다. 윤동주처럼 잔잔한 수면에 얼굴을 비춰 보되 나에 대해 선불리 단정 짓지는 않길 바랍니다.

영화 「비포 선라이즈」에는 이런 대사가 등장합니다. '나는 나와 24시간 함께 있기 때문에 이런 나를 사랑해 주기란 참 어렵다'고요. 물론입니다. 나는 나의 가장 밑바닥, 때로는 구질구질하고 지질하고 옹졸하고 소심한 모습까지 하나도 놓치지 않고 목격할 수밖에 없습니다. 그래서 때로는 내가 너무나도 밉죠. 그러나 그런 나라도 우리는 시절이 지나면 또 그리워하곤 합니다. 그러니 지금의 나를 사랑해 주세요. 나를 좀 더 궁금해하고 이해해 주세요. 그것부터가 진짜 건강한 성찰의 시작입니다. 앞에서 이야기했듯이 성찰은 후회하고 반성한 후 앞으로의 달라진 삶을 다짐하는 과정입니다. 윤동주 시인처럼 우물 속의 자신을 바라볼 용기는 내 안의 나를 인정하고 포용할 줄 아는 마음가짐에서 비롯됩니다. 순수하고 아름다운 것들과는 달리 우물에 비친 내 모습은 속될지언정 나를 연민하고 그리워할 줄 아는 내적 갈등의 상태가 바로 성찰 아닐까요?

2장

어떤 말도 위로가 되지 않을 때

살다 보면 가끔은 숨이 턱 끝까지 차올라

쓰러질 것 같을 때가 찾아오곤 합니다.

지치고 고단한 일상에서 벗어나

잠시 숨을 고르며

반짝이는 문장들을 발견해 보는 건 어떨까요.

행운과 불운이 반복되는
우리의 삶

삶의 아이러니

여러분은 지금 하는 일을 하게 되리라 예 상하셨나요? 지금 공부하고 있는 전공은 어떤가요? 결혼 한 배우자는요? 원래 이런 분야의 공부를 할 것이라, 이 사 람과 만나 결혼하리라 생각하셨나요? 이 질문에 예상했다 고 답하는 사람은 아마 거의 없을 것입니다. 저도 제가 누 군가를 가르치는 일을 업으로 삼게 되리라고는 꿈에도 생 각해 본 적이 없기 때문이죠. 강사를 처음 시작했을 때도 지금처럼 이렇게 오래 할 줄은 정말 몰랐습니다.

저의 본격적인 강사 생활은 행정고시 학원에서 대타 강의를 한 것에서 시작되었습니다. 다행히도 그때 반응이 좋아서 이후로도 계속 강의를 하게 되었지만 처음부터 일타강사를 꿈꾸며 강의를 시작하지는 않았어요. 사람 사이의 인연도 마찬가지입니다. 전혀 친해질 것 같지 않은 사람과 몇 년이 흐른 후 가깝게 지내고 있다거나 같이 일을 하게 되는 경우가 많았습니다. 가치관이나 삶의 태도도 시간의 흐름에 따라 변화를 거듭했죠. 삶은 언제나 아이러니의 연속이었습니다. 인생을 살아가다 보면 매번 예상치 못한 행운과 불행이 반복되곤 하죠. 그래서 내 삶의 계획은 완벽하고 앞으로도 그 계획대로 살 수 있으리라는 자신감은 오만에 불과한 것입니다. 살아보니 일도 사람도 뜻밖의 순간에 찾아오는 경우가 많습니다.

인생이라는 파도를 타면서 지치지 않기 위해서도 일이든 인간 관계든 처음 생각했던 대로 전개될 거라는 기대를 하지 않는 것이 중요하다고 생각합니다. 그렇다고 계획대로 되지 않을 테니 막 살아도 된다고 말하는 것은 아닙니다. 기대를 버리면 덜 상처받고 현명하게 대처할 수 있다는 의미입니다. 그래야만 몸에 힘을 빼고 다음 파도를 기다리는 여유와 과감히 파도에 올라타는 자신감을 가질 수 있으니까요.

이러한 삶의 아이러니를 마주할 때면 함께 떠오르는 문학 작품이 있습니다. 그 이름도 유명한 소포클레스의 『오이디푸스 왕』입니다. 워낙에 잘 알려진 이야기인 만큼 저는 이 이야기를 조금 다르게, 저만의 관점으로 바라보고 싶습니다. 사람들은 대부분 오이디푸스가 저주에서 벗어나려 발버둥 쳤지만 결국 굴복했던 이유를 '정해진 운명' 때문이라고 생각합니다만, 저는 그가 끔찍한 예언에서 벗어나지 못한 이유가 그의 자만과 고집 때문이 아닐까 생각해 봅니다. 자신을 모든 문제의 원인에서 제외한 채, 사람들의 만류에도 불구하고 예언의 주인공을 찾기 위해 끝까지 고집을 부린 것, 이 선택이 결과적으로 오이디푸스를 비극적 운명에 처하게 만들었습니다.

오이디푸스는 스핑크스의 수수께끼를 푼 유일한 인간이었으며, 테베의 역사상 가장 뛰어난 왕이었죠. 그는 도시가 기근과 역병에 시달리자 처남 크레온을 통해 얻은 신탁대로 선대 왕 라이오스의 살해범을 밝혀내려 합니다. 이로 인해 자신에게 어떤 불행이 닥칠지 전혀 예측하지 못했죠. 그는 살인사건의 수수께끼를 놀라운 지성의 힘으로 풀어내지만, 그토록 저주했던 라이오스의 살해자가 바로 자기 자신임을 알게 됩니다. 아비를 죽이고 어미와 결혼한다는 불행한 신탁이 실현되면서 오이디푸스의 생모이자 그의 아내인 이오카스테는 목숨을 끊습니다. 그 모습을 목격한 오이디푸스는 그녀의 옷에 달린 브로치를 뽑아 자신의 눈을 찌릅니다.

사실 이 비극적인 비밀을 알게 되기 전까지만 해도 그는 완벽에 가까운 인간이었습니다. 하지만 스스로 비밀에 다가섰고 그로 인해 끔찍한 운명과 마주하게 된 거죠. 다만 그는 고통스러운 운명 속에서도 자신을 지켜냅니다. 자신이 실행시킨 예언을 받아들이고 그 비극으로부터 도망가지 않죠.

＊＊＊

인간은 누구나 살아가면서 벗어나고 싶지만 도저히 벗어날 수 없는 예언과 같은 상황을 마주합니다. 제게는 성격이 벗어날 수 없는 예언과도 같았죠. 타고난 성격에서 벗어나기란 정말 어려운 일입니다. 저는 매사 굉장히 긍정적인 편인데 이런 성격이 가끔은 단점으로 작용할 때가 있었습니다. 물론 삶을 살아가면서 긍정적인 태도는 당연히 도움이 되지만 긍정적인 성격 때문에 나의 의지가 모든 일을 극복해 낼 수 있을 거라는 생각에 사로잡혀 감당하기 힘든 무리수를 두고 시련을 겪은 적이 한두 번이 아닙니다.

저의 성격에 관해 이야기하자니 초보 강사 시절이 떠오릅니다. 강의 경험은 별로 없었지만 열정만큼은 누구에게도 뒤지지 않던 그 시절, 초보 강사 다섯 명으로 팀을 꾸렸던 적이 있습니다. 아니나 다를까요. 강사가 다섯인데 수강생은 세 명밖에 모이지 않았습니다. 너무나도 쓰디쓴 폐강을 경험한 것입니다. 내가 비록 이제 막 시작하는 초보 강사여도 열정적으로 아이들을 가르치면 모두가 알아 줄 것이라 생각했지만 세상일이 그렇게 만만치가 않았던 것이죠. 하지만 놀랍게도 그때의 열정 가득한 초보 강사들은 포기하지 않았습니다. 연이어 같은 강사 구성으로 개강을 강행한 것입니다. 결과는 어땠을까요? 세 번 연속 폐강이라는 참담한 성적표를 받아들고 뿔뿔이 흩어졌습니다.

이 일로 저는 긍정적 의지와 열정만으로 상대를 감화시킬 수는 없다는 사실을 깨닫게 되었습니다. 그러나 거기서 끝난 것은 아니었습니다. 그때부터 제가 파고들었던 건 교재 개발이었어요. 당시 교육 시장에서 가장 필요한 것은 학생들이 스스로 공부할 수 있도록 명쾌하게 이론을 정리한 서술형 기본서와 짧은 시간 내에 핵심 내용을 공부할 수 있는 압축적인 요약집이었습니다. 선생님이 하루 24시간 내내 학생들과 함께하는 게 아니고, 선생님의 의지만으로 점수를 올릴 수 있는 것도 아니잖아요. 학생들에게 필요한 것은 언제 어디서든 혼자서 공부할 수 있는, 잘 만든 교재였습니다. 그렇게 교재 개발에 열정을 불태운 결과 저는 비로소 좋은 성과를 거두게 되었습니다. 지금도 '이선재' 하면 '질 좋은 교재'가 유명한 만큼 그때의 경험은 저의 잠재력을 세상 밖으로 끄집어내 준 소중한 시간이 되었습니다. 이 일로 타고난 성격을 바꿀 수 없다면 노력의 방향을 바꾸어 극복하면 된다는 자신감도 생겼습니다.

'나한테 그런 일은 절대 일어나지 않을 거야!'라는 바보 같은 생각도 하지 않게 되었어요. 살다 보면 남의 일로 여기던 일들이 나에게도 종종 일어나기 마련입니다. 그리고 이때는 그것이 나의 문제 때문에 일어난 일은 아닌지 한 번쯤 따져보는 것도 도움이 됩니다. 대부분의 일은 인과관계가 분명하고 그 단초는 내가 제공했을 가능성이 크니까요.

모든 것이 운명과 신탁으로 결정되던 고대에도 개인의 성격과 의지가 결국은 삶의 방향을 결정했는데, 하물며 현대사회에서는 어떨까요? 당연히 고대사회와는 비교할 수 없을 정도로 개인의 의지가 운명을 좌우할 것입니다. 그러니 나를 객관적으로 바라보며 나에게 자유의지가 있다는 사실을 늘 유념해야 합니다. 자유의지로 얼마든지 삶을 바꿔나갈 수 있는데도 운명론에 갇힌 채 아무것도 시도하지 않는 인생을 살 수도 있잖아요.

비록 인생은 아이러니의 연속이지만 그럼에도 삶의 주인이 나라는 사실만은 잊지 않았으면 합니다. 물론 질병이나 불의의 사고처럼 특수한 인과관계에 의한 운명은 내가 돌이키기 힘들다는 것을 압니다. 그러나 갑자기 들이닥치는 불행들 속에서 자책과 원망에 빠져 있기보다는 조금은 힘을 내서 긍정적인 마음으로 그다음 해야 할 일들에 대해 차근차근 생각해 보았으면 좋겠습니다. 나의 운명을 구원해 주고 바꿔줄 사람은 나뿐입니다.

이제는 너무 흔해진 말이지만 제가 입버릇처럼 자주 하는 말이 있습니다. '이 또한 지나가리라'와 '네 탓이 아니다'입니다. '이 또한 지나가리라'는 힘들고 괴로워서 도망가고 싶을 때 저를 붙잡는 말입니다. 그리고 '네 탓이 아니다'는 스스로를 책망하는 데 에너지를 쓰는 대신 앞으로 한발 더 내디뎌 보라고 힘을 주기 위해 하는 말입니다. 저는 이 말들을 되새기면서 날마다 조금씩 용기를 얻고 있습니다.

물론 나이가 들어, 내 삶이 내 의지와는 다른 결과를

낳을 수도 있다는 아이러니를 경험하면서는 자꾸만 힘이 빠지고 한발 뒤로 물러서게도 됩니다. 세상이 늘 아름답지만은 않고, 진실이 모두를 행복하게 해주는 것이 아니라는 사실을 알게 되었기 때문이죠. 하지만 삶과 진실이 지닌 양면성을 알게 된 순간 우리는 진정으로 성숙한 인간이 되어간다고 믿습니다. 그렇게 어른이 되면서 우리는 인생의 일희일비를 담담하게 받아들이게 되는 것이죠.

우리의 인생은 그야말로 일희일비의 연속입니다. 오이디푸스처럼 극적이지는 않지만, 평범한 하루 일과 속에서도 일희일비는 끊임없이 반복되고 있잖아요. 다만 저는 기쁠 땐 충분히 기뻐하고 슬플 땐 깊이 슬퍼하며 살자고 말하고 싶습니다. 우리에게 스스로의 인생에 일희일비할 수 있는 자유를 선사해 주면 좋겠습니다. 인생에는 도저히 피할 수 없는, 정말 아이러니한 일들이 있기 때문에 그 순간을 충분히 즐기고 슬퍼하자는 의미입니다. 물론 기쁨이든 슬픔이든 영원할 거라는 생각은 하지 말아야 해요. 그래야 그다음으로, 그다음 장으로 건너갈 수 있습니다.

* * *

얼마 전에 라디오에서 들은 이야기입니다. 노쇠한 어머니에게 말기 암 판정 소식을 알려야 할지 알리지 말아야 할지 고민하는 한 중년의 사연이었습니다. 만약 알리지 않는다면 어머니는 죽을 때까지 그 청천벽력 같은 소식을 모른 채 남은 생을 평온하게 살 수 있겠죠. 하지만 이 사실을 알게 된다면 자신의 삶을 정리하고 되돌아볼 기회가 생길 것입니다. 여러분이라면 어떤 선택을 하시겠어요?

『오이디푸스 왕』뿐만 아니라 많은 문학 작품은 비극적 진실을 폭로함으로써 우리를 매료시키고 감정적으로 고양합니다. 영웅과도 같은 주인공은 제아무리 끔찍한 현실 속에서도 진실의 숭고함을 이야기하고, 그 어떤 역경에도 굴하지 않고 진실을 찾아가죠. 그러나 실제 우리의 삶은 그렇게 장중하지 않습니다. 현실의 삶은 크고 작은 파도들이 오가는 그야말로 일희일비의 연속이고, 우리는 눈앞의 진실마저 외면하고 싶어 할 정도로 나약한 존재에 가깝습니다. 현진건의 소설 『운수 좋은 날』 속 김 첨지처럼 말입니다.

『운수 좋은 날』만큼 삶의 아이러니를 현실적으로 보여주는 작품이 또 있을까요? 이전의 소설은 대개 해피엔딩이나 열린 결말로 끝났지만, 이 소설은 비극으로 끝을 맺습니다. 인생의 희로애락을 가장 사실적으로 묘사한 작품이라 할 수 있겠죠.

비 오는 어느 날, 열흘 가까이 돈을 벌지 못한 김 첨지는 그날따라 유독 자신을 붙드는 병든 아내를 뒤로하고 일을 하러 나갑니다. 그런데 웬일인지 아침부터 손님을 둘이나 태워 80전을 벌더니 학생 손님까지 받아 하루에 3원이나 버는 행운을 만납니다. 병든 아내가 그렇게나 먹고 싶다던 설렁탕 국물을 사줄 수 있겠다는 생각에 기뻐하며 집으로 돌아가려던 김 첨지는 믿기지 않는 행운을 주체할 길이 없어 길가 선술집에 들르지요. 거나하게 취해 집으로 가던 중 김 첨지는 아내에 대한 불길한 생각을 떨칠 수가 없었고, 그의 예감은 빗나가지 않았습니다. 설렁탕 국물을 사 들고 집에 들어선 그를 기다리고 있는 것은 숨진 아내와 빈 젖꼭지를 빨고 있는 개똥이었지요. 이상하리만치 운

수 대통한 날에 아내가 죽음을 맞이하자 김 첨지는 절망적으로 울부짖습니다.

"이 난장 맞을 년, 남편이 들어오는데 나와보지도 안 해. 이 오라질 년!"이라고 고함을 친 게 수상하다. 이 고함이야말로 제 몸을 엄습해오는 무시무시한 증을 쫓아버리려는 허장성세인 까닭이다. (…) 그러자 산 사람의 눈에서 떨어진 닭의 똥 같은 눈물이 죽은 이의 뻣뻣한 얼굴을 어룽어룽 적신다. 문득 김첨지는 미친 듯이 제 얼굴을 죽은 이의 얼굴에 한데 비비대며 중얼거렸다.

"설렁탕을 사다 놓았는데 왜 먹지를 못하니, 왜 먹지를 못하니?…… 괴상하게도 오늘은 운수가 좋더니만……"

물론 지금의 감수성으로 100년 전 김 첨지의 과격한 언행을 이해하기란 쉽지 않습니다. 지금은 절대 저런 남편이 일반적일 수 없죠. 그러나 1920년대 일제 강점기를 살았던 김 첨지의 절박한 삶이 2020년대를 살아가는 독자들에게도 큰 공감을 불러일으키는 것은 인간의 삶이 아이러니 그 자체이기 때문입니다. 살다 보면 김 첨지처럼 최고로 운수 좋은 날이 인생 최악의 날이 되는 경험을 하게 될 때가 있습니다. 저 역시 삶의 아이러니를 깨달으며 어른이 되었다고 생각합니다. 어느 순간 삶의 아이러니를 알게 되었고 그 후로는 늘 커리어의 끝 그리고 삶의 마지막을 생각합니다. 그래서 지금 이 시기에 내가 할 수 있는 모든 걸 다 해보자 생각해요. 학술장학재단도 그런 취지에서 만들게 되었습니다. 제가 가장 왕성한 활동을 하면서 인정받을 때, 바로 지금이 아니면 못 할 일이라고 생각했거든요. 일과 삶의 끝자락을 떠올릴 때 여러분이 지금 당장 하고 싶은 일은 무엇인가요? 지금밖에 할 수 없는 일이라고 생각하는 건 무엇인가요?

제가 '늘 끝을 생각하며 산다'라고 말하고는 있지만, 제게는 이런 생각이 결코 부정적이거나 비관적으로 흐르지는 않습니다. 지금이 아니면 할 수 없는 일을 찾아서 최선을 다하자 그리고 지금이 아니면 누릴 수 없는 감정에 충실하자는 의미입니다.

방탄소년단의 한 멤버가 '추락하지 않고 착륙하고 싶

다'라고 말했다죠. 저도 마찬가지입니다. 추락은 타의에 의해서 갑자기 떨어지는 것이지만, 착륙은 스스로의 선택에 의해 내려가는 것이므로 결코 비극이 아니죠. 그래서 저는 추락이 아닌 착륙을 꿈꾸며 저만의 방법을 모색하고 있습니다. 언젠가 제가 무사히 착륙하게 된다면 '그때 할걸!' 하면서 후회할 일을 만들지 말아야겠다고 다짐합니다. 그래서 지금 더 많은 일을 벌이고 있으니 이 또한 참 아이러니한 일이죠.

지금 인생의 정점에 서 있다면 불안해하지 마세요. 언제 추락할지 모른다는 걱정으로 밤을 지새우는 대신 지금 경험할 수 있는 것을 많이 누리세요. 그것이 인생의 아이러니를 깨닫게 하는 일이라도 괜찮습니다. 모든 것이 예상대로 실현되는 삶을 상상할 수 없듯이, 예상치 못한 일들이 벌어지지 않는 삶도 우리는 상상할 수 없으니까요.

당신의 내일이
무너지지 않도록

욕망

'욕망'이라는 말을 들으면 어떤 이미지가 그려지시나요? 저는 술, 담배, 섹스, 마약처럼 조금은 터부시되고 본능적이라고 느껴지는 단어들이 떠오릅니다. 그만큼 욕망의 존재에 관해 우리가 부정적으로 여기고, 때로는 금기시하기 때문이 아닐까요? 욕망은 어쩐지 탐욕스럽고 심술궂은 마음일 것만 같잖아요. 그러나 인간에게 욕망하는 마음이 사라진다면 그건 빈껍데기나 마찬가지일 겁니다. 무엇을 하고자 하는 마음도, 그만두고자 하는 마음도 없으니 무력한 상태가 되겠죠. 그래서 연인 사이에서도 욕망이 필요하고, 회사에서 일하면서도 욕망이 필요하고, 나를 가꾸기 위해서도 욕망이 필요한 것입니다. 최근 『욕망의 진화』라는 책이 한동안 베스트셀러 순위에 자리하고 있더군요. 우리는 왜 욕망을 숨기려 하면서도 한편으로는 욕망에 관해 끊임없이 궁금해하는 걸까요?

"삶의 원동력은 무엇인가? 첫째도 욕망, 둘째도 욕망, 셋째도 욕망이다." 시인 스탠리 쿠니츠의 이 말처럼 욕망은 선악의 판단 대상이 아니라 그 자체로 인간을 나타내는 개념이라는 생각이 듭니다. 그래서 문학이 다루는 핵심 주제이기도 하죠. 윌리엄 셰익스피어의 4대 비극은 물론이거니와 불후의 명작으로 손꼽히는 수많은 문학 작품이 앞다투어 다루는 것이 바로 '인간의 욕망'입니다.

그렇다면 수많은 문학 작품 속에서도 특히나 자신의 욕망을 매력적으로 표출하는 인물은 누구일까요? 이 질문에 저는 주저 없이 피츠제럴드의 소설 『위대한 개츠비』의 개츠비를 꼽겠습니다. 그는 제가 가장 애정하는 소설 속 인물이기도 하죠. 잊지 못할 첫사랑 데이지를 향한 개츠비의 위대한 환상이 파국을 맞는 과정을 세밀하게 그린 이 소설은 욕망과 집착이 어떻게 한 인간의 운명을 뒤흔드는지 극적으로 보여줍니다.

개츠비를 사랑했으나, 아무런 미련도 남기지 않은 채 부유한 자신의 삶으로 돌아가 버린 연인 데이지. 개츠비는 그녀를 되찾기 위해 수단과 방법을 가리지 않는 인물입니다. '저 멀리 조그맣게 반짝이는 초록색 불빛'을 바라보며 끝없는 어둠 속을 헤쳐나가죠. 자신의 원래 이름인 제임스 개츠(James Gatz)를 '제이 개츠비(Jay Gatsby)'로 바꾸고, 자신이 창조해낸 새로운 인물로 거듭납니다.

제임스 개츠는 가난하고 무지한 부모로부터 아무런 정신적, 물질적 유산도 받지 못한 지극히 평범한 청년이었습니다. 그가 자신만의 신념을 가진 '개츠비'로 변화(혹은 진화)하는 과정은 오늘날 우리의 모습과도 닮아 있죠. 보잘것없는 제임스 개츠가 처한 환경은 자신이 원한 것이 아니었습니다. 우리도 마찬가지고요. 어쩌면 그것이 제임스 개츠와 우리의 욕망이 만나 공감대를 이루는 지점이 아닐까 싶습니다. 우리는 모두 지금의 모습에서 벗어나고 싶어 합니다. 부족한 지금 내 모습에서 벗어나고자 끊임없이 무언가를 탐하고 욕망하죠. 이 욕망이 적정선을 지킨다면 우리는 지금보다 더 나은 사람이 되겠죠. 그러나 욕망이 적정선을 넘는 순간 우리는 가차 없이 비극적 운명에 발이 묶이게 됩니다. 개츠비처럼요. 욕망으로 얼룩진 그의 삶은 얼마나 고단했을까요?

이 소설은 개츠비의 이웃 '닉'의 회상 형식으로 전개됩니다. 1922년 제1차 세계대전 이후, 뉴욕 외곽에서 사는 닉은 이웃인 개츠비에게 관심을 갖게 됩니다. 닉이 보기에 화려한 별장에 살고 있는 개츠비는 비밀스러운 과거와 출처를 알 수 없는 부를 거머쥔 인물이었죠. 토요일마다 열리는 파티에 초대받아 참석한 후 개츠비와 우정을 나누게 된 닉은 자신의 사촌 데이지와 개츠비가 연인 사이였음을 알게 됩니다. 데이지는 전쟁터에서 돌아오지 않은 가난한 개츠비를 잊고 부유한 톰과 결혼한 상태였고요. 하지만 톰은 정비공의 아내와 불륜 관계였고, 개츠비와 재회한 데이지에게도 옛사랑의 감정이 되살아나면서 비극이 시작됩니다. 그렇게 비극적 죽음을 맞이한 개츠비의 장례식 날. 그의 가난한 아버지가 찾아옵니다. 그는 개츠비의 친구인 닉에게 개츠비가 소년 시절에 썼던 스케줄러를 보여줍니다. 거기에는 개츠비의 하루 일과가 쭉 기록되어 있었죠. "여섯 시에 일어나 공부를 하고, 그다음에 자세 훈련을 하고, 이틀에 한 번만 목욕하고, 3달러를 저축하고, 부모님께 더 잘하자." 그때부터 개츠비는 자신의 일생을 변화시키기 위해 노력했던 것입니다.

작가는 왜 굳이 소설의 후반부에 이런 장면을 넣었을까요? 개츠비가 개츠비이기 전의 삶 또한 선명하게 설명하기 위함일 것입니다. 누구나 있는 그대로의 내 모습을 사랑하기란 쉽지 않죠. 내가 원하는 모습으로 태어날 수 있는 사람은 없기 때문에 누구나 이상을 향해 나아갑니다. 그런데 누군가는 그 이상을 실현하기 위해서 개츠비처럼 자신만의 신념을 갖고 열정과 노력을 다하고, 누군가는 연예인이나 롤모델을 통해 대리 만족을 느낍니다. 또 누군가는 선을 넘은 욕망이 폭발해서 타인에게 해를 끼치기도 하죠. 욕망은 누구나 갖고 있지만 그 내용과 실현 과정은 제각각입니다.

여러분도 개츠비가 진정 원했던 것이 돈이 아니었다는 점에 동의하리라 생각합니다. 그가 불법적인 방법으로까지 부를 축적한 이유는 사랑하는 옛 연인 데이지를 되찾기 위해서였습니다. 지금 이 순간 당신이 가장 욕망하는 것은 무엇인가요? 그 욕망이 궁극적으로 향하는 방향은 어디인가요? 또 그것을 이루는 데 방해가 되는 것은 무엇인가요? 문학은 다양한 욕망이 충돌하는 모습을 흥미진진하게 보여줌으로써 각자에게 어떤 삶을 선택할 것인가에 대한 방향성을 알려줄 뿐, 절대적으로 옳은 가치를 강요하지 않습니다. 문학이 정답지가 아닌 선택지인 이유죠. 우리가 『위대한 개츠비』를 통해 다양한 형태의 욕망을 마주하고, 나라면 어떤 것을 욕망하게 될지 생각해 보는 것도 마찬가지입니다. 당신은 사랑, 돈, 도덕성, 행복, 봉사… 수많은 가치 중 무엇을 욕망하는 인간이 되고 싶은가요?

* * *

학생들을 상담하다 보면 공시생에 대한 사회적 편견

이 얼마나 심한지 알 수 있습니다. 공무원 시험 준비에 대해 굉장히 편향된 시선으로 보는 사람들이 많다는 거예요. 그저 안정적인 생활을 위해 젊은 시절 당연히 품어야 할 꿈과 도전 정신을 버린 사람쯤으로 수험생들을 치부하는 경향이 강합니다. 저는 학생들이 이런 이야기를 들려줄 때마다 마음이 너무 아픕니다.

사람의 욕망은 모양과 재질이 다릅니다. 그것에 가치 판단의 잣대를 들이대서 옳은 욕망과 틀린 욕망으로 구분하는 건 불합리한 일이죠. 물론 타인과 사회에 해악을 끼치는 욕망은 비난받아야 마땅하지만, 삶을 꾸려나가는 방식으로 선택한 욕망에 대해서까지 옳고 그름을 함부로 논해서는 안 됩니다. 수험생들의 삶을 일방적 잣대로 평가할 것이 아니라 스스로 바라는 삶을 이루어내기 위해 애쓰는 과정을 응원해 줘야 하지 않을까요?

학생들 중에는 '제임스 개츠'로 태어났지만, 부단한 노력과 자신만의 신념으로 스스로를 변화시켜 나가는 학생들이 참 많습니다. 지금은 예전처럼 대학만 졸업하면 취업이 되는 시대가 아닙니다. 수많은 고민 끝에 선택한 공무원 시험을 위해 최소한 1년 이상은 자신의 욕망을 통제하면서 노력해야 합니다. 말 그대로 부단한 노력의 과정에 모두가 주목해야 합니다. 진정성 있는 욕망은 그 대상이 무엇이든 가치가 있습니다.

제가 학원에서 강사 생활을 처음 시작했을 때는 정말 가진 게 아무것도 없었습니다. 누구도 알아주지 않는 무명 강사인 제가 유명 강사라는 이상향을 설정해 놓고, 그 지점을 향해 달려갔던 시간은 제임스 개츠가 개츠비가 되는 과정과 별반 다르지 않았습니다. 매일같이 스케줄 표를 만들어 철저히 하루 일과를 관리하고 제게 주어진 모든 시간과 재능을 일에 쏟아넣은 그때만큼 제 욕망에 간절했던 시기도 없었던 것 같습니다.

결과적으로 저는 제가 원하는 삶에 가까워졌습니다. 개츠비가 초록색 불빛이 켜진 데이지의 집을 건너편 자신의 집에서 바라볼 수 있게 된 것처럼요. 하지만 개츠비가 초록색 불빛이 손에 잡히지 않는 허상임을 깨달았듯이 저도 강사로서 정점에 이른 순간 그 불빛에 의구심을 갖게 되었습니다. 목표에 가까워질수록 '나의 지향점이 과연 무엇일까', '내가 진정 원하던 삶이 경쟁에 휘둘려 잠시도 쉬지 못하는 이런 삶이었을까' 하는 의구심이 생기더군요. 그토록 가닿고 싶었던 목표를 향해서 여태껏 달려왔는데 나의 열정과 목표가 흔들리는 불빛 같은 허상일 수도 있겠다는 생각이 드는 순간 무척이나 허탈했습니다. 그 불빛은 내가 열망해온 게 아니라 타인이 갈망하던 게 아닐까 하는 생각까지 들더군요. 불현듯 두려움이 몰려왔습니다. 그 무렵 우연히 이 소설을 다시 읽으면서 참 많이 공감했고 때로는 울기도 했습니다. 아주 진지하게 은퇴를 생각하기도 했죠.

우리는 누구나 인생의 허상을 좇으며 살아갑니다. 그러니까 무언가를 이루어냈을 때 그것이 완벽한 정점이라고 생각하지는 않았으면 해요. 지금 당장은 눈앞에 닥친 목표를 이루기 위해 참고 견뎌야 할 것들이 너무 많기에 그 목표만 달성하고 나면 그만이라고 생각할 수도 있지만 절대 그렇지 않더라고요. 죽어라 노력하고 욕망을 좇으며 살지만, 그 목표를 이룬다고 해도 만족감은 잠시이고 행복은 그리 오래 유지되지 않습니다. 더군다나 그 목표가 경

쟁 관계에서 쟁취되는 것이라면 더더욱요.

　우리 사회에는 개츠비처럼 원하는 것을 얻기 위해 끊임없이 노력하는 사람들이 많습니다. 시험을 준비하는 수험생과 취준생, 내 가게를 열기 위해 준비하는 창업 준비자, 경력 단절을 딛고 새로운 도전을 꿈꾸는 주부…. 모두가 욕망을 이루어내기 위해 전력을 다하는 사람들입니다. 하지만 시험에 합격하거나 취업에 성공하거나 사업이 대박 나는 것만이 욕망의 목적은 아님을 잊지 말았으면 해요. 우리는 늘 그 과정의 내실과 가치에 집중해야 합니다.

　그래서 우리가 잊지 말아야 할 것이 바로 욕망의 정점에 선 순간의 허망함과 욕망의 몰락입니다. 개츠비도 인생을 걸고 추구해 온 데이지가 허상이라는 걸 깨닫고는 결국 몰락하잖아요. 정점에 올라서 아래를 내려다봤을 때 우리는 무언가 완벽한 게 있을 것이라 생각하지만 사실은 그렇지 않다는 걸 인정해야 합니다. 다만 우리는 다음으로 가기 위해 그 자리에서 또 다른 불빛을 찾아야죠. 무언가 완벽한 대상이 있고, 그곳에 다다르면 모든 게 완성되리라는 환상에서 벗어나면 새로운 삶이 우리를 기다리고 있을 것이라고 생각해요. 힘겹게 다다른 곳 자체를 목적으로 두는 것이 아니라 그 과정에서의 관계와 배움에 가치를 둔다면, 우리에게도 정점의 허망함을 이겨내고 또 다른 불빛을 찾아나설 힘이 생기지 않을까요.

* * *

피츠제럴드의 둘도 없는 친구이면서, 말년에는 서로 어긋나기도 했던 또 한 명의 대작가 어니스트 헤밍웨이의 『노인과 바다』 이야기도 함께 나눠보고 싶습니다. 몇 달 동안이나 고기를 잡지 못했지만 매일같이 바다로 나가는 늙은 어부. 그가 상어와 사투를 벌이며 뱃전에서 혼자 되뇌는 이 말보다 인간의 숙명을 상징적으로 보여주는 비유가 있을까요.

> "하지만 인간은 패배하도록 창조된 게 아니야." 그가 말했다. "인간은 파멸당할 수는 있을지 몰라도 패배할 수는 없어."

자신에게 주어진 고난을 피하지 않고 묵묵히 맞서는 절대 고독의 삶. 이 늙은 어부의 이야기는 개츠비의 욕망을 향한 질주와 마찬가지로 인간의 본질에 대해 생각해 보게 합니다.

노인에게 관심을 두는 마을 사람은 어린 소년 한 명밖에 없었습니다. 누구도 '최악의 불운'을 만난다는 그를 가까이하려 들지 않았죠. 그런데 어느 날 홀로 조각배를 타고 바다로 나간 노인의 낚싯바늘에 자신의 배보다 큰 청새치가 걸려듭니다. 이틀 밤낮을 꼬박 거대한 물고기와 사투를 벌인 끝에 노인은 물고기를 끌고 항구로 돌아옵니다. 하지만 해안에 도착했을 때 그 물고기는 뼈만 남은 잔해에 불과했지요. 피 냄새를 맡고 몰려든 상어들이 다 뜯어먹었기 때문입니다. 하지만 그는 좌절하지 않습니다. 다시 황금빛 사자의 꿈을 꾸면서 잠에 빠지죠.

이쯤 되면 궁금해집니다. 노인이 욕망했던 것은 무엇일까요? 어쩌면 노인에게는 대어를 잡는 것보다 매일 바다로 나가는 것 자체가 삶의 목표가 아니었을까 싶습니다. 비록 뼈만 앙상한 청새치를 끌고 집에 돌아왔지만, 그는 낙담하거나 삶의 고단함을 하소연하는 대신 '오늘은 푹 자고 내일 또 그물을 끌어내 배를 타고 바다로 나갈 거야'라며 의지를 다집니다. 언제나 그래왔던 것처럼요.

노인은 결코 몰락하지 않습니다. 더 큰 물고기를 잡고야 말겠다는 욕망은 분명했지만 그것만이 삶의 목적은 아니었기 때문에 가능했던 일이라고 생각해요. 오늘은 허망함을 느낄지언정 내일 또다시 물고기를 잡으러 가는 것. 노인의 삶이 바로 인간의 삶 그 자체라고 생각합니다. 인간은 누구나 망망대해에 홀로 선 고독한 존재입니다. 처음부터 그럴듯한 인생의 목표를 설정해 두고 달려가는 사람도 있지만, 대부분은 다람쥐 쳇바퀴 돌듯 평범한 삶을 살면서 하나씩 목표를 만들어가니까요.

"우리『노인과 바다』속 늙은 어부처럼 살자."

저는 가끔 학생들에게 이런 말을 합니다. 선망의 대상이 되는 원대한 이상에 인생을 거는 사람도 있지만 우리 대부분은 그렇지 않잖아요. 매일의 작은 목표조차도 이루어내지 못해서 좌절하고 회의에 빠지기도 합니다. 하지만 꿈꾸기를 멈춰서는 안 됩니다. 실패하더라도 치열하게 욕

망했던 삶의 태도는 우리 마음에 새겨지기 때문입니다. 그 태도와 경험은 인생을 살아가는 데 큰 자양분이 됩니다. 목표를 이루기 위해 노력했던 모든 시간이 쌓여서 또 다른 꿈을 꾸게 해주는 거죠. 망망대해에 우뚝 선 노인처럼요. 내게 주어진 생을 가장 나답게 살아낸다면, 그 과정을 즐기고 그때 얻은 교훈을 몸에 새긴다면 결과에 상관없이 우리는 결코 패배자가 아니라고 생각합니다.

시험에서 떨어진 학생들도 그 시간을 그저 낭비한 것이 아닙니다. 수험생들 중에는 여러 이유로 공부를 그만두고 다른 일을 하는 이들도 많습니다. 어떤 일을 하든, 어떤 사람을 만나든, 어떤 고난에 직면하든 한때 자신과 치열하게 싸워봤던 삶의 태도는 그것을 헤쳐나가고 버틸 힘이 되어줍니다. 지식은 휘발될 수 있지만 삶의 태도와 지혜는 몸과 마음에 각인되기 때문이지요. 우리 생에서 쓸모없는 시간은 없습니다. 쓸모없는 욕망이 없듯이요.

그리고 꿈을 이룬 사람들에게는 예외 없이 허무가 찾아올 것입니다. 뭐든 멀리서 바라볼 때는 아름답지만 가까이에서 들여다보면 그렇지 않잖아요. 선과 악 그리고 아름다움과 추함이 섞여 있는 게 인생입니다. 경쟁에서 이기고 성공하는 것을 꿈꾸는 이들이 많지만 막상 그 목표를 이루고 나면 오히려 허망함을 느낄 때가 많아요. 내가 추구하는 모든 것, 그 흔들리는 빛이 절대적으로 아름답지는 않습니다. 무언가를 성취해 내고 이루었을 때의 기쁨은 아주 잠시, 아니 찰나에 불과합니다. 그러나 그보다 오래 기억에 남아 우리 삶을 지탱해 주는 것은 높은 점수를 받기 위해 밤을 새우며 공부하고, 목표한 성과를 이루어내기 위해 최선을 다한 시간의 기억이 아닐까요.

한밤중에 상어 놈들이 다시 공격해 오면 어떻게 하지? 어떻게 할 작정이냐고?
"놈들과 싸우는 거지. 죽을 때까지 싸울 거야." 그가 말했다.

상어와의 싸움을 이어가며 노인은 말합니다. 이렇게 살아 있는 모든 존재는 누구나 고독한 투쟁을 벌이고 있습니다. 자신의 욕망에 충실하면서 최선을 다해 하루하루

살아나가면 무너지지 않고 계속 욕망할 수 있을 것입니다.

당신이 내일도 무너지지 않고 고기를 잡으러 바다로 향할

수 있기를 바랍니다.

품격 있는 죽음과
반짝이는 삶

죽음과 애도

젊은 시절 저는 일상이 무너지는 경험을
한 적이 있습니다. 아버지가 오랫동안 간암을 앓다 돌아
가시면서 멀쩡했던 집안이 순식간에 무너져 버렸고, 당시
십 대였던 저는 그 과정을 오롯이 견뎌내야만 했죠. 이후
엄마와 저희 삼 남매는 아버지 없는 삶을 살아내야 했습
니다. 제 어깨에는 늘 '가족의 생계'라는 무거운 짐이 얹혀
있었어요. 삶의 무게를 온전히 짊어지는 것도, 또 그것을
인정하는 것도 쉬운 일이 아니었습니다. 내 탓이 아닌데도

내가 그 책임을 떠안고 극복해야만 했으니까요.

대학 시절에는 등록금을 마련하기 위해 아르바이트를 서너 개씩 했습니다. 어느 날 아르바이트 면접을 보러 갔을 때의 일이에요. 너무 피곤했던 탓에 차림새를 신경 쓰지 못했는지, 하필이면 그날 끈 떨어진 신발을 신고 면접장에 간 거예요. 멀쩡한 신발을 두고 하필 왜 그런 신발을 신고 나왔을까 후회했지만 어쩔 수 없었습니다. 그런데 인사팀장쯤 되는 분이 저한테 들으란 듯이 초라한 제 행색과 신발 끈 이야기를 하는 겁니다. 과티를 입고 끈 떨어진 신발을 신은 저는 그 순간 엄청난 당혹감과 모멸감을 느끼게 되었죠. 행색은 초라했지만 저는 자존감이 높은 사람이었거든요. 늘 '나의 상황은 내 탓이 아니다. 나는 극복해 낼 것이다'라는 자기 암시를 하곤 했죠. 그런데 배려 없는 상대방의 말 한마디는 이러한 저의 노력에 찬물을 끼얹었고 저의 초라한 현실을 다시 한번 자각시켜 주고 말았습니다. 저는 그만 얼굴이 빨개진 채로 먹먹하게 차오르는 눈물을 숨기면서 그 시간을 견뎌야만 했습니다. 지금도 그때의 경험은 영원히 낡지 않는 테이프 속 영상처럼 생생하게 남아 있습니다.

　이런 젊은 시절의 경험 때문일까요. 저는 가난에 낭만을 부여하는 스토리를 싫어합니다. 가난이 사람을 성장시켜 준다거나, 타인으로부터 연민을 불러일으키게 해서 백마 탄 왕자를 만나게 하는 설정의 재료가 되는 것도 못마땅합니다. 특히 가난을 극복하고 성공한 스토리는 극적이고 때로는 낭만적인 서사처럼 보이기도 하지만, 그건 대부분 그런 경험을 해보지 않은 사람들의 환상일 뿐입니다. 가난은 멀리서 지켜보는 사람에게는 성공이라는 신화를 쓰기 위한 극복과 극기의 과정이겠지만, 그 가운데에 있는 사람에게는 더 이상 나아갈 수 없다는 아득함과 절망감만 안겨줄 뿐입니다. 변화와 발전의 서사가 아니라 아무리 애를 써도 아무것도 바꾸지 못한다는 절망감과 무기력의 서사, 정지와 멈춤의 서사입니다. 그 시절의 경험은 기억 저 깊이 가라앉아 있는 무언가, 극복과 성공의 서사로 포장하기에는 먹먹한 무언가로 남아 있습니다. 떠올릴 때마다 가슴이 먹먹해진다는 건 그 기억이 상처라는 의미겠지요.

　다만 저는 그 시절의 저 자신을 조금 다른 방식으로

애도하려고 노력 중입니다. 제 젊은 날의 아픔을 기억하기 위해 저처럼 힘든 가정 형편 속에서도 포기하지 않고 공부를 이어가는 학생들을 돕기 위한 재단을 만들었고, 끊임없이 학생들의 이야기를 들어주려고 애쓰고 있습니다. 놀랍게도 그 과정에서 제 상처는 서서히 치유되었습니다. 이런 방법을 몰랐다면 저는 아마 물질적인 과시를 통해서 그 시절을 잊으려 했거나 보상받으려고만 했을 것입니다.

제가 상처 많은 젊은 시절의 저를 애도한다고 말하면 고개를 갸우뚱하는 사람들이 있을 겁니다. 애도라는 단어는 주로 죽음을 말할 때 사용하기 때문이죠. 사실 진짜 의미는 '모든 의미 있는 상실에 대한 정상적인 반응'이지만요. 저는 젊은 시절에 겪은 상실감에 대한 애도를 말한 것입니다. 무언가를 잃거나 빼앗긴 경험의 상처를 똑같이 타인의 상처로 앙갚음하지 않으려면 우리는 스스로 올바른 애도가 무엇인지에 관해 끊임없이 고민해야 합니다. 이것은 삶을 대하는 태도와도 연관이 깊습니다. 이번 주제를 통해 죽음, 그리고 애도에 관해 생각해 보고 여러분 스스로 애도의 영역을 삶의 곳곳으로 확장해 보면 좋겠습니다.

사람들은 저마다 다른 삶의 태도를 갖고 있습니다. 부정적인 사람, 긍정적인 사람, 때로는 삶이나 죽음을 달관하는 사람, 하나하나에 일희일비하는 사람 등 제각기 다른 삶의 방식으로 살아가고 있죠. 죽음을 애도하는 방식도 다릅니다. 하지만 이때의 애도는 남은 생을 살아나가기 위해 아주 중요한 과정입니다.

모든 게 영원하지 않다는 걸 깨닫는 순간 우리는 어른이 되죠. 소중한 것들이 언제까지나 내 곁에 있어주리라는 믿음이 깨지고 이별을 하게 되면 우리는 성숙해집니다. 모든 걸 영원히 소유할 수 있다고 믿는 시기는 인생에서 아주 짧은 순간에 불과합니다. 그리고 그 시절의 순수함은 어른이 되면 갖기 힘든 소중한 가치이기도 하지만 반면에 그 시기에 겪은 이별의 슬픔은 큰 상처가 되어 생을 지배하기도 합니다.

알베르 카뮈의 『이방인』은 죽음과 애도를 주제로 삼은 대표적인 작품입니다. 이 소설은 어머니의 죽음을 슬퍼하지 않은 것이 빌미가 되어 죽음에까지 이른 한 남자의 이야기를 담고 있죠. 어머니의 장례식 날, 울지도 않고 시신도 보려 하지 않았던 아들 뫼르소. 그는 장례를 치른 다음 날 예전 직장 동료였던 마리와 바닷가에서 해수욕을 하고 사랑을 나눕니다. 그렇게 어머니의 죽음 후 평범한 일상을 보내던 그에게 비극이 찾아듭니다. 이웃인 레몽이 벌이는 싸움에 휘말리게 되면서부터죠. 레몽을 찌른 아랍인을 우연히 만난 뫼르소는 그가 꺼내는 칼의 강렬한 빛에 자극을 받아 나도 모르게 권총의 방아쇠를 당기고 맙니다. 뫼르소는 정상 참작을 받아 가벼운 형벌을 예상했지만 법정은 그에게 사형을 선고합니다. 도대체 왜 이런 판결이 났을까요? 법정에서 그는 어머니의 장례식에서조차 눈물을 흘리지 않은, 별것 아닌 일로 사람을 죽이는 무자비한 사이코가 되었기 때문입니다.

맞습니다. 뫼르소는 어머니의 장례식 날 타인의 통념에 걸맞은 슬픔을 표현하지 않았습니다. 하지만 사회가 원하는 슬픔의 모습이 아니었다는 이유만으로 누군가를 단죄할 수 있을까요? 뫼르소는 어머니의 죽음 이후 일상적인 삶을 통해 삶의 무의미성을 채워갔습니다. 어찌 보면 어머니의 죽음으로 인한 공허감을 채우려는 그 나름의 방식이었을지도 모릅니다. 그가 두려워한 것은 부재의 감정이었을 테니까요.

하지만 그는 타인이 요구하는 형태로 슬픔과 감정을 표현하지 않았다는 이유로 결국 배척당합니다. 소설의 제목처럼 그는 결국 '이방인'이 됩니다. 저는 뫼르소가 죽음보다 더 부조리한 현실 속에서 자신의 방식으로 죽음을 애도한 것이 아니었을까, 부재로 인한 공허감과 상실감을 무의미한 일상으로 채워가며 애도한 것이 아니었을까 생각해봅니다.

* * *

그럼 좋은 이별과 좋은 애도란 무엇일까요. 이별로 인한 슬픔이 닥쳤을 때 가장 좋은 애도의 방식은 영원히 슬픔에 잠기는 것이 아니라 그와의 추억을 오래도록 간직하는 게 아닐까요. 충분히 기억하고 애도하는 과정에서 우리에겐 또 다른 만남과 생을 이어나갈 힘이 생깁니다. 특히 비극적인 사건이나 역사적 상흔을 남긴 일일수록 그 모든 과정과 감정을 더욱더 또렷하게 기억해서 그때의 비극과 아픔이 다시 반복되지 않도록 각자의 삶에 녹여내면 좋겠습니다.

가장 중요한 것은 외면하지 않고 직시하는 것입니다. 우리는 흔히 '가슴 아프다'는 이유로 슬픔을 억누르거나 외면하지만, 끊임없이 슬픔을 상기하고 기록할 때 애도는 힘을 발휘합니다. 그리고 저는 비극이 갖는 공동체적 효용 역시 분명 존재한다고 믿습니다. 다 함께 슬픔을 기억하고 극복하는 과정에서 우리가 지켜왔던 가치, 그리고 앞으로 지켜야 할 가치를 되짚으면서 더 나은 사회와 미래를 열어나갈 힘을 키울 수 있으니까요. 물론 뫼르소를 이방인처럼 취급하고 단죄했듯 기억하고 기록하는 형태를 하나로만 규정할 수는 없지만요.

그렇다면 왜 우리는 슬픔이나 이별을 오래도록 기억하려 들지 않을까요? 아마도 부재하는 자에 대한 기억을 떠올리는 순간 살아남은 자의 죄책감이 느껴지기 때문일 겁니다. 사람들은 대체로 불행을 공유하고 싶어 하지 않습니다. 하지만 불행을 함께하지 못했다는 이유로 우리는 죄책감에 빠져들기도 하죠. 한강의 소설『소년이 온다』에서 동우가 느끼는 감정도 비슷합니다. 비극적인 현장에서 본인만 살아남았다는 죄책감은 동우가 끝까지 시위대에 남아 죽음을 맞이할 결심을 하는 계기가 됩니다.

『소년이 온다』는 1980년 5월 광주민주화운동 당시 남겨진 사람들의 이야기를 담고 있습니다. 당시 중학교 3학년이던 동호는 친구 정대가 계엄군의 총에 맞아 죽는 것을 목격하고 충격에 빠집니다. 이후 도청 상무관에서 시신을 관리하는 일을 하면서 정대의 죽음을 떠올리며 괴로워하죠. 그러던 중 군대가 도청에 들이닥칠 것을 알면서도 도망가지 않고 그곳에서 죽음을 맞습니다. 동호는 대체 왜 이런 죽음을 택했을까요? 바로 살아남은 자의 죄책감 때문입니다. 그 죄책감과 괴로움이 불의에 저항하고자 하는 실존적 결단을 하게 했던 것입니다.

양심. 그래요, 양심.

세상에서 제일 무서운 게 그겁니다.

군인들이 쏘아 죽인 사람들의 시신을 리어카에 실어 앞

세우고 수십만의 사람들과 함께 총구 앞에 섰던 날, 느닷없이 발견한 내 안의 깨끗한 무엇에 나는 놀랐습니다.

상처는 늘 흉터를 남깁니다. 그런데 때로는 우리 삶이 계속되는 한 잊지 말아야 할 상흔도 있습니다. 자신이 어떤 상처를 입었는지, 어떤 고통을 겪었는지 상기하며 살필요도 있지요. 그것은 삶의 새로운 가치가 되기도 합니다. 동호가 '내 안의 깨끗한 무엇'을 발견한 것처럼 말입니다. 그리고 그 가치를 동력 삼아, 어떤 고통을 겪든 결국엔 살아남아 생을 이어가야 한다는 걸 잊지 말아야 합니다.

＊ ＊ ＊

죽음과 애도에 관해 떠올리다 보면 가끔은 막막해집니다. 내 앞에 놓인 수없이 많은 죽음과 이별, 상실을 모두 기억하고 건강하게 애도할 수 있을까. 자신이 없어지기도 합니다. 그래서 인생이 덧없게 느껴지기도 하죠. 젊은 시절의 저도 의미 지향적인 삶을 추구했습니다. 그것이 부조리한 세상에서 살아나갈 힘이자 제 삶의 태도라고 생각했던 것이죠. 일뿐 아니라 사람 간의 관계에서도 의미를 찾고 그 가치를 개념화하는 데 골몰했으며, 제가 정의한 이상적인 의미에 맞춰 살려고 노력했습니다. 하지만 의미로 충만한 삶을 살다가도 어느 순간에는 또다시 삶의 무의미함과 마주하면서 공허감을 느끼곤 했죠. 그 무렵 최승자의 시 「모든 사람들이」를 읽으면서 조금은 위로를 받았던 것 같습니다.

> 모든 사람들이 그러나저러나의 인생을 살고 있다
>
> 그래도 언제나 해는 뜨고 언제나 달도 뜬다
>
> 저 무슨 바다가 저리 애끓며 뒤척이고 있을까
>
> 삶이 무의미해지면 죽음이 우리를 이끈다
>
> 죽음도 무의미해지면
>
> 우리는 虛(허)와 손을 잡아야 한다

우리는 누구나 '그러나저러나의 인생'을 살고 있다는 걸 깨닫게 되면 허무에서 헤어나 다시 살아나갈 힘을 얻

을 수 있습니다. 인생의 공허감이 일상을 지배하고 삶의 목적이 사라져 의미가 상실되었을 때도, 모든 걸 내려놓을 게 아니라 그것 역시 삶이라고 받아들이는 용기가 필요하죠. 살다 보면 인생의 시계가 멈춘 것 같은 시기도 있습니다. 모든 인생이 매 순간 충만할 수는 없고 늘 활기찰 수도 없잖아요. 언젠가는 이 시간 또한 지나가고, 견뎌낸 시간만큼 다음 삶을 살기 위한 걸음을 뗄 용기와 힘을 줄 거라고 믿어야겠죠.

얼마 전에 한 모임에서 70대 여성 한 분을 만났습니다. 그분께 모임에 나오게 된 이유를 여쭤봤습니다. 그랬더니 젊은 사람들과 어울리는 게 좋아서라고 말씀하시더군요.

"젊은 사람들은 앞날에 대한 걱정보다는 그저 해야 할 일을 해요. 늘 뭔가를 '하고 싶다'고 말하죠. 그런데 나이가 들면 어떤지 아세요? 하고 싶다는 말보다는 그걸 하면 안 되는 이유부터 말해요. 살아온 경험 때문인지 걱정부터 하고 보는 거죠. 그러니 그런 이들과 어울리고 나면 오히려 걱정이 늘어서 돌아오곤 했어요. 그래서 전 젊은 사람들과 어울리는 걸 더 좋아합니다."

그분은 저희에게 늘 밝고 긍정적인 에너지를 전해주셨습니다. 사실 70년 넘게 사시는 동안 어떻게 좋은 일만 겪으셨겠어요. 힘들고 괴롭고 아무에게도 말할 수 없는 슬픔도 이겨내셨겠지요. 하지만 그날 그분은 모임에 참석한 사람 중 가장 열정적으로 대화에 참여하며 환한 웃음을 보여주셨습니다.

저는 나이가 드신 분들, 그중에서도 질책이 아닌 따뜻한 격려와 포용으로 저에게 충고나 조언을 해주는 분들과 이야기 나누는 걸 좋아합니다. 내가 아직 경험해 보지 못한 인생의 굴곡을 이겨오신 분들, 그리고 모든 것에는 끝이 있다는 지혜를 경험을 통해 깨달은 분들을 만나면 인생의 시작이 아닌 끝을 대하는 태도에 대해서도 다시 한번 생각해 보게 되죠.

내 삶이 얼마 남지 않았다고 느껴질 때의 하루하루는 어떨지 생각해 본 적 있으신가요? 인간에게 죽음은 받아들일 수밖에 없는 숙명이지만 그것을 기꺼이 받아들이는 사람은 드뭅니다. 누구에게나 죽음은 극단의 공포를 불러일으키죠. 그런 공포를 이겨낸 인간들은 죽음 앞에서도 자신을 되돌아보고 성찰하면서 품격을 잃지 않았습니다.

　지금은 죽음이 남의 일이거나 아직 먼 얘기처럼 느껴질 수도 있지만, 언젠가 내 차례는 오고 맙니다. 그때의 품격 있는 죽음을 위해 일생에 걸쳐 자존감을 높여나가는 것이 어쩌면 삶의 이유일 수도 있겠다는 생각이 듭니다. 나는 품격 있는 죽음을 맞이할 만한 가치가 있는 사람이라는 마음가짐으로 삶을 살아간다면 '그러나저러나의 인생' 속에서도 반짝이는 의미들을 수없이 찾아낼 수 있으리라 믿습니다.

지치고 힘들 때
필요한 것들

휴식

"왜 이렇게 하루하루가 고달프죠?"

이런 말이 불쑥 튀어나오는 그런 날이 있습니다. 숨 가쁜 일상을 살다 보면 몸의 에너지와 마음의 힘이 모두 소진된 것 같은 시기가 반드시 찾아오죠. 그제야 우리는 휴식이 필요하다는 걸 깨닫고 저마다의 방식으로 쉬어 갑니다. 어떤 사람은 산이나 바다, 아니면 바다 건너 낯선 도시로 훌쩍 떠나기도 하고, 어떤 사람은 가장 편안한 공간인 집에서 여유로운 한때를 보내기도 합니다. 조용한 카페를 찾아가 그동안 바쁘다는 핑계로 미뤄두었던 책을 읽거나, 원데이클래스를 신청해 새로운 경험을 하기도 합니다.

친구를 만나 맛있는 음식을 먹으며 수다를 떨기도, 강아지와 집 앞을 산책하기도 하죠. 저마다 방식은 달라도 모두 지친 몸과 마음에 휴식을 선사하는 행위입니다. 여러분은 몸과 마음이 지쳤을 때 어떻게 휴식하는지 문득 궁금해집니다.

휴식은 긴장을 풀어주죠. 편한 사람을 만나거나 책을 읽거나, 아니면 영화를 보거나 음악을 들을 때의 자세를 생각해 보세요. 저는 두 다리를 쭉 뻗고 드러눕거나 상체를 사정없이 뒤로 젖히곤 합니다. 어떤가요? 더없이 편안할 것 같지 않나요? 몸과 마음이 풀어지면 우리는 어김없이 평온해짐을 느낍니다. 평소에 우리는 항상 긴장한 채로 살기 때문에 몸과 마음의 근육이 잔뜩 오그라들어 있잖아요. 뻣뻣이 굳은 몸과 마음을 풀어주는 게 바로 달콤한 휴식입니다.

무엇보다 휴식은 우리가 다시 일상으로 돌아가 열심히 일하기 위해 숨을 고르는 시간입니다. 그러니까 쉬는 동안에는 일을 하지 말아야 한다는 이야기입니다. 충전 중에도 일을 한다면 충전은 충전대로 더디고 일도 제대로 될 리가 없습니다. 온전히 휴식을 만끽할 때 우리 사고도 유연해지니까요.

＊＊＊

제게는 책을 읽는 것도 휴식입니다. 잠시 일이나 사람 간의 관계를 잊고 '영혼의 마음'과 대화하는 순간이기도 합니다. 앞만 보고 내달리면서 잊고 있던 삶의 소중한 질문들을 떠올려보며 진정으로 쉴 수 있는 시간이죠. 지금 당장 쉼이 필요한 여러분에게도 영혼이 허기질 때 읽으면 좋을 만한 소설을 하나 소개하고 싶습니다. 포리스트 카터의 자전적 소설인 『내 영혼이 따뜻했던 날들』입니다. 제목부터 남다르죠? 읽을 때마다 마음에 평온이 찾아오는 힐링 소설이라 부르고 싶네요.

주인공 '작은 나무'는 어린 나이에 부모를 잃고 체로키족인 할아버지, 할머니와 함께 산속 오두막에 살게 됩니다. '작은 나무'에게 낯설었던 이 공간이 점점 셋만의 따뜻함으로 채워지면서 더없이 포근한 휴식처가 되어가는 과정은 저에게도 더없이 행복한 기분을 선사해 주었습니다. 제가 이 소설을 읽으며 특히나 좋았던 부분은 '작은 나무'가 안식을 느끼는 공간과 시간이었습니다. 타닥타닥 소리를 내며 타들어 가는 나무와 불꽃이 일렁거리는 벽난로 앞에서 책을 읽는 시간은 상상만으로도 마음이 편안해집니다. 할아버지와 할머니가 돌아가신 후 고아원에 가서도 '작은 나무'는 기특하게도 자신만의 휴식 시간을 만들어냅니다. 고아원에서는 해 질 무렵에 채플 예배를 본 후 저녁을 먹지만 '작은 나무'는 예배도 저녁 식사도 하지 않은 채 한 시간이나 창가에 서서 늑대별을 바라봅니다. 저녁 어스름이 짙어지기 시작하면 서서히 희미한 불빛을 밝히며 점점 더 밝은 빛을 토해내는 늑대별을 한없이 쳐다보면서 밤을 맞이하죠. 할아버지와 할머니도 함께 늑대별을 보고 있을 거라고 믿었기 때문입니다. 그저 별을 쳐다보는 것만으로도 모든 게 충분한 시간이었던 것입니다.

나만의 휴식 시간을 갖는다는 건 한편으로 나 혼자 깊은 생각에 잠기는 시간을 갖는다는 것이죠. 이 책에도 소중한 휴식의 시간과 함께 이런저런 생각을 하게 되는 말들이 많았는데요. 그중에서도 저는 '영혼의 마음 가꾸기'라는 표현이 깊게 와닿았습니다.

할머니는 사람들은 누구나 두 개의 마음을 갖고 있다고 하셨다. 하나의 마음은 몸이 살아가는 데 필요한 것들을 꾸려가는 마음이다. (…) 이런 것들과 전혀 관계없는 또 다른 마음이 있다. 할머니는 이 마음을 영혼의 마음이라고 부르셨다. (…) 몸이 죽으면 몸을 꾸려가는 마음도 함께 죽는다. 하지만 다른 모든 것이 다 없어져도 영혼의 마음만은 그대로 남아 있다. (…) 영혼의 마음은 근육과 비슷해서 쓰면 쓸수록 더 커지고 강해진다. 마음을 더 크고 튼튼하게 가꿀 수 있는 비결은 오직 한 가지, 상대를 이해하는 데 마음을 쓰는 것뿐이다.

백인 문명에 처절하게 짓밟히면서도 자신들의 영혼을 지켜가며, 그 영혼의 마음을 풍요롭게 가꾸는 것을 최고의 가치로 여긴 인디언들의 삶은 저에게도 큰 울림으로 다가왔습니다. 몸을 꾸려가는 마음이 욕심을 부리고 교활

한 생각을 하면 할수록 영혼의 마음은 점점 졸아들어 밤톨보다 작아지게 된다니요. 제 영혼의 마음은 크기가 얼마나 될지 궁금해졌습니다. 무엇보다 영혼의 마음을 잃고 '살아 있어도 죽은 사람'으로 산다는 것이 무엇인지에 관해 생각해 보게 되었습니다.

오늘이 유난히 힘들었던 누군가가 있다면 책 읽는 휴식을 추천해 주고 싶습니다. 오늘 저녁에는 따뜻한 휴식 한 권을 집어 들고 이런저런 상념에서 빠져나와 영혼의 마음과 대화해 보는 건 어떨까요? '작은 나무'가 그랬듯 그 시간이 여러분에게 편안한 마음의 휴식처가 되길 진심으로 바라봅니다.

***

그런데 몸도 마음도 너무 지쳐버려서 아무 생각도 할 수 없고, 그 누구도 만나고 싶지 않을 때는 어떻게 해야 할까요? 그때는 소소한 휴식 시간마저도 사치스럽게 느껴지고 무엇에도 의욕이 생기지 않으니까요. 『내 영혼이 따뜻

했던 날들』의 한 대목이 어쩌면 이런 때에 해답이 되어줄
수도 있을 것 같습니다.

> 할머니가 내 뒤에서 소리쳤다.
> "웨일즈, 얘가 지친 것 같아요."
> 할아버지가 걸음을 멈추고 뒤돌아보았다. 나를 내려다
> 보는 할아버지의 얼굴은 널따란 모자 그늘에 가려 있었다.
> "뭔가를 잃어버렸을 때는 녹초가 될 정도로 지치는 게
> 좋아."

할아버지는 아버지와 어머니를 모두 잃고 슬픔에 힘
겨워하는 '작은 나무'에게 그 슬픔을 잊는 방법을 알려준
것일까요. 울다 지쳐 잠이 들었다가 아침을 맞는 것처럼
말이에요. 가끔 제 주변에도 몸을 지치게 해서 힘든 상황
을 잊는 이들이 있습니다. 늘 스트레스와 긴장감에 시달리
면서도 운동에 열정적인 학원 선생님이 그렇습니다. 어떤
사람에게는 운동이 스트레스지만 이분에게는 운동으로
몸을 극한의 상태로 몰아붙이는 몰입의 순간 자체가 쉼인

것이죠. 일종의 무아지경에 빠지는 경험 아닐까요? 물론 저는 아직 경험해 보지 못했지만요. 그렇게 녹초가 되고 나면 자기 안에서 새로운 에너지가 솟아난다고 하더군요. 운동뿐만 아니라 예술 활동처럼 몰입이 가능한 일상의 루틴을 만들어보는 것도 효과적입니다.

사람들이 힘들게 무언가를 해냈을 때 성취감뿐만 아니라 편안한 안도감을 느끼는 것도 이 몰입감 때문이라고 합니다. 제 경험을 돌이켜 봐도 진정한 휴식은 편안히 누워 뒹굴거릴 때가 아니라 무언가에 진심으로 몰입해서 시간도 공간도 잊어버렸을 때 얻어지는 경우가 더 많았습니다. 물론 몰입하는 대상이 특별한 목적 없이 내가 원하는 것이어야만 가능한 일이죠. 지긋지긋한 현실로부터의 도피가 아닌 진심 어린 몰입이라는 휴식은 우리를 안전하게 다시 일상으로 돌아올 수 있게 해주는 가장 현명한 방법입니다.

또 한 가지, 휴식에서 빼놓을 수 없는 것 중 하나는 바로 '사람'입니다. 요즘에는 MBTI로 사람의 성향을 파악하곤 하잖아요. 그중 I형 인간은 사람들과 어울리면 기가 빨린다고 해서 혼자 있는 시간을 소중히 여기는 유형으로 알려져 있습니다. 이런 유형의 사람들은 아주 많죠. 그렇지만 우리가 쉴 때, 주말이나 휴가를 보낼 때 사람과의 만남이 빠지는 일은 거의 없습니다. 아이러니한 일이죠? 기가 빨리지 않는 만남이라도 따로 있는 걸까요? 그렇다면 어떤 사람들이 우리에게 휴식과 안식의 시간을 선사하는 걸까요?

『내 영혼이 따뜻했던 날들』의 '작은 나무'가 할머니와 할아버지라는 존재 자체에서 휴식을 느끼듯이, 우리도 나를 있는 그대로 받아들이고 공감해주는 존재에게서 따스한 휴식을 경험합니다. 제게는 학창 시절 친구들과의 만남이 가장 편안하고 즐거운 휴식입니다. 친구들은 성과나 사회적 지위로 나를 대하거나 판단하지 않기 때문에 언제 만나든 더없이 편안할 수 있는 것이지요. 저를 있는 그대로 오롯이 인정해 주고 공감해 주는 친구들은 존재 자체로 저의 휴식처가 되어줍니다.

그리고 때로는 저도 누군가의 휴식처가 되어주고 싶습니다. 특히 학생들에게요. 강의를 하다 보면 마음의 상처가 깊고 실패에 대한 두려움이 큰 학생들이 정말 많습니다. 그런 학생들의 사정을 잘 알기에 조금이라도 더 도움이 되고 싶지만 늘 한계가 있었습니다. 제가 만약 작은 학원의 강사였다면 학생들을 개인적으로 만나서 밥이라도 한 끼 먹으면서 따뜻한 위로의 말을 전해주었을 테지만 대형 강의를 통해 수많은 학생을 만나면서 늘 좋은 점수를 얻기 위해 몰아쳐야 하는 입장이다 보니 이런 관계를 만들어가는 것이 쉽지 않더라고요.

그래서 개인적으로 모두 만나는 것이 불가능하다면 그들끼리 심리 상담이라도 받게 해주고 싶다는 생각을 하게 된 것입니다. 그렇게 마음먹고 청년들이나 수험생들을 위한 '다독다독 상담소'를 열어서 2~3년 동안 운영하기도 했습니다. 제가 일일이 멘토 역할을 해줄 수는 없으니 상담을 해줄 수 있는 선배 한 분을 모셨었죠. 그때의 상담 덕분에 자신감을 찾아 합격했다는 수기를 보내준 학생, 시험에 떨어져 다른 삶을 살게 되었지만, 그날의 상담이 새로운 출발에 큰 도움이 되었다는 학생, 여전히 그때의 상담이 너무나 소중한 시간이었다는 학생까지···. 지금은 여러

사정으로 중단되었지만 저에게도 그때의 시도는 뜻깊은 경험으로 남아 있습니다. 누군가에게 내 이야기를 들려주는 것만으로도 휴식을 얻을 수 있다니, 새삼스레 참 다행이라는 생각도 듭니다. 누군가의 이야기를 들어주는 것만으로도, 거창한 무언가 없이도 내가 그의 휴식처가 되어줄 수 있다는 말이니까요.

* * *

이번에는 눈을 감고 오늘 하루를 떠올려볼까요? 저부터 해보겠습니다. 생각해 보니 오늘은 정말 단 30분도 짬이 나지 않아서 저한테 쓴 시간이 없네요. 일상이 이렇게 바쁘다 보니 마음을 나누면서 서로 위로가 되어줄 사람을 만날 기회도, 새로운 곳으로 훌쩍 떠나 자연을 만끽하며 휴식을 취할 기회도 당연히 부족했습니다. 아마 많은 분들이 공감할 이야기일 겁니다. 그래서 저는 이런 분들에게 긴 시간을 낼 수 없을 때는 익숙한 혼자만의 공간에 들어가 아무것도 하지 않는 시간도 보내보라고 이야기합니다.

나의 존재감을 오롯이 드러낼 수 있는 물질적인 공간이라도 마련해 보면 어떨까요? 그 공간이 꼭 거창할 필요는 없습니다. 남들이 보기에 초라해도 상관없어요. 정말 작은 공간이라도 상관없고요. 오로지 나만의 취향으로 꾸며진 공간에서 그 누구의 눈치도 보지 않고 편히 쉴 수 있다면 '나만의 독립된 공간'은 그 자체로 휴식처가 되어줄 것입니다. 어쩌면 '작은 나무'의 오두막집처럼요. 그리고 그곳에서 아무것도 하지 않는 시간을 보내보세요. 일명 '멍때리는 시간'을 활용해 보라는 거죠.

그 겨울 동안 우리는 밤마다 돌 벽난로 앞에 앉았다. 말라비틀어진 나무 그루터기 가운데 부분에서 뽑아낸 푸석푸석한 심지를 땔감 삼아 태우다보면, 두툼한 붉은 송진이 타닥타닥 탈 때마다 불꽃들이 튀고 일렁거렸다. 그러면 반대쪽 벽에 비친 우리 그림자가 늘어났다가는 줄어들고, 그러다가 갑자기 괴상하게 커지는가 하면, 또 순식간에 사그라들어 마치 환상 속의 그림을 보는 듯했다. 우리는 아무 말도 하지 않고 한참 동안 일렁이는 불꽃과 춤추는 그림자를 쳐다보며 앉아 있었다.

이 대목은 천천히 한 글자 한 글자 읽어보세요. 달콤한 휴식의 장면이 눈앞에 그려지는 것 같지 않나요? 그림자가 늘어났다가 줄어들고, 갑자기 커졌다가 사그라드는 모든 순간에 주인공의 몸과 마음이 얼마나 편안하게 풀어지고 포근해졌을지 상상하는 것만으로 따뜻해집니다. 편안하고 조용한 나만의 공간에서 아무것도 하지 않으면서 머리를 비우는 일이야말로 진정한 휴식 아닐까요? 진짜 휴식하려면 본능적인 부분부터 행복감을 느껴야 해요. 쉬고 싶다면 '배는 채우고 머리는 비우세요'. 아, 물론 조금은 원초적이지만 가장 확실한 방법입니다. 누군가 "일요일에 뭐 하셨어요?"라고 묻는다면 이렇게 말해주세요. 머리는 최대한 비우고 배는 최대한 채웠다고 말입니다. 그 답을 들은 모두가 엄지를 치켜세워 줄 겁니다. 모두가 이런 무위(無爲)의 시간과 적막의 순간을 좋아하죠. 우두커니 앉아서 복잡한 머릿속을 완전히 비우고 멍해지는 시간을요. 저뿐만은 아닐 거라 믿습니다.

슬프게도 휴식을 바라는 이들은 대체로 소음 한가운데 살고 있습니다. 오늘도 마음껏 휴식하지 못했을 당신에게 나태주 시인의 「일요일」이라는 시를 들려주고 싶습니다. 그리고 저 또한 이런 일요일을 꿈꿔봅니다.

　　종일 두고 전화 한 통화

　　걸려오지 않았다

　　신문이 왔지만

　　펴지 않았고

　　티브이도 켜지 않았다

　　다만 볕바른 창가에

　　우두커니 앉아 있는

　　난초화분만 바라보다가

　　난초 화분 뒤에

　　산의 눈썹이며

　　흐린 하늘의 속살이나

흘낏거리다가

적막도 하나의

복락이 아니겠냐고

일몰시간이 되어서야 입 속으로

조그맣게 중얼거려보았다.

·

3장

·
·
·
·
·
·
·

문득 외로움이 찾아올 때

사회가 복잡해지면서 우리는 점점 더

많은 사람과 만나게 되었습니다.

그러나 아이러니하게도

점점 더 많은 사람과 단절되고 있죠.

문학 속 인물들은 어떨까요?

어떻게 마음을 나누고 사랑을 표현했을까요?

사랑 없이 살 수 없는
존재들이니까

사랑

　　학생들과 마주하다 보면 그들의 가장 큰 관심사가 시험 다음으로 사랑이라는 걸 단번에 알 수 있습니다. 이제 막 사랑을 시작해 세상이 핑크빛인 학생, 얼마 전 이별을 겪고 삶의 의욕을 상실한 학생, "왜 저는 연애를 못 할까요?" 한탄하는 학생까지 그 모습도 각양각색이죠. 그런데 여러분, 사랑에도 종류가 있다는 걸 알고 계시나요? 학계에서는 여섯 가지 정도로 구분하는데 그중 세 가지를 일반적인 사랑으로 꼽을 수 있습니다. 첫눈에

반하거나 연인의 신체적 매력에 끌리면서 사랑이 시작되는 에로스, 양보와 이해를 기반으로 희생을 통해 이루어가는 무조건적 사랑인 아가페, 상대방을 있는 그대로 바라봐주고 그의 본래적 성품에 관심을 갖는 필리아입니다.

이 중 가장 이상적인 사랑의 유형은 필리아로 알려져 있죠. 필리아는 상대방이 잘되기를 바라는 순수한 마음에서 비롯된 사랑이기 때문입니다. 상대의 성품 때문에 그에게 관심을 갖는 것이기에 이때의 상대방은 '또 다른 나'가 될 수 있습니다. 독일의 현대철학자 헤르만 슈미츠는 필리아를 '혼인으로 가정을 이룬 남녀의 친밀한 관계'로도 정의했습니다.

그런데 사람들이 가장 꿈꾸는 사랑은 그 종류가 에로스든 필리아든 상관없이 '운명적 사랑' 아닐까요? 누구나 일생에 한 번쯤은 생을 송두리째 뒤흔드는 사랑을 해보고 싶어 합니다. 그래서 운명적 사랑의 클리셰는 드라마나 영화에서 흔히 쓰이는 장치이기도 하죠. 길에서 물건을 쏟은 여자 주인공과 그걸 주워주다 눈이 맞는 남자 주인공, 그리고 그들은 또다시 직장에서 동료나 상사로 우연히 만나게 되는 뻔한 이야기입니다. 상황이 이러한데도 저는 운명과도 같은 사랑의 존재를 그다지 믿지 않습니다. 운명론은 어느 정도 조작되었다고 믿는 편에 가깝죠. 너무 낭만이 없었나요? 그런데 정말입니다. 우리가 간절히 사랑을 갈구하면 그 욕망이 만나는 지점에서 강렬함이 생겨날 것이고, 곧 그들의 만남에는 사랑의 서사가 부여될 것입니다. 사랑하면 빠질 수 없는 작가 알랭 드 보통의 소설 『왜 나는 너를 사랑하는가』에는 이런 구절이 등장합니다.

나의 실수는 사랑하게 될 운명을 어떤 주어진 사람을 사랑할 운명과 혼동한 것이다. 사랑이 아니라 클로이가 필연이라고 생각하는 오류였다.

사랑에 대한 강렬한 로망이 운명과도 같은 사랑을 만들어내는 것이죠. 그러나 세상에 영원한 건 없듯이 우리의 운명적 사랑도 결국엔 온기가 식고 맙니다. 아이러니하게도 두 사람 사이의 거리가 좁혀질수록 갈등은 깊어가고 그렇게 서서히 이별에 다다르게 되죠.

모든 관계가 그렇듯 연인들도 서로 간에 어느 정도 거리가 있을 때는 상대의 생각과 일상 모든 것이 궁금하고 때론 그것을 미화하기도 합니다. 그러다가 그 거리가 점차 좁혀지고 감정의 공유를 넘어 일상까지 공유하다 보면 낭만적으로 이상화된 것들이 하나씩 깨지기 시작하죠. 그래서 사랑은 위대하고 고결하기보다는 지질한 것에 가깝습니다. 다들 공감하겠지만 연애할 때의 나를 떠올려 보세요. 구차하고 초라하고 때로 다섯 살 아이로 돌아간 듯한 느낌마저 들지 않나요?

나도 나의 모습 중에서 받아들이지 못하는 부분들이 있고 그런 내가 싫을 때가 있는데 어떻게 상대방을 있는 그대로 인정할 수 있겠어요. 그만큼 어려운 일이죠. 사랑이라는 감정이 사람을 한 단계 성숙시킨다면 그것은 상대의 부족함을 있는 그대로 인정해 주고 바라볼 수 있을 때 가능한 것입니다. 그래야만 비로소 그를 통해 나의 초라함, 속 좁음, 치졸함, 이기적 욕망 같은 것들을 인식하면서 나의 가장 내밀한 부분을 담담하게 둘러볼 수 있습니다.

이렇게 사랑은 타인을 통해 나를 발견하는 과정입니

다. 그렇기에 사랑이라는 감정은 상대방을 향하기도 하지만 동시에 나 자신을 향하기도 합니다. 소설가 김영하가 말하는 사랑의 정의처럼 말이죠.

"사랑이란 타인에게서 나의 모습을 보는 것, 그것이 나의 사랑의 시작이다."

* * *

사실 저도 아직 사랑과 연애의 본질이 무엇인지는 잘 모르겠습니다. 다만 사랑의 본질이 '충만함'일 거라는 짐작을 어렴풋이 해볼 뿐이죠. 사람은 누구나 결핍과 외로움을 느끼기 때문에 내 존재를 인정해 주는 누군가와 함께할 때 충만함을 느낍니다. 그러니까 연애를 할 때 오가는 달콤한 말들은 모두 서로의 존재를 그 자체로 인정해 주는 언어들입니다. 그래서 부모님이 나에게 쏟는 절대적이고 무한한 사랑이 아님에도 불구하고 연애를 통해서 우리는 더 큰 충만함을 느끼곤 하는 것이죠.

그렇다면 이렇게 서로의 존재를 뜨겁게 사랑하던 연

인들 사이에서 갈등은 어떻게 생겨날까요? 대개는 상대방에게 나의 욕망을 투영해서 그를 내가 원하는 모습으로 바꾸려고 할 때 갈등은 시작됩니다. 그런데 참 이상하죠? 회사 선후배나 상사와 부하 직원 사이에서 갈등이 생기면 우리 모두 어느 정도씩 체념하거나 참으려고 하잖아요. 상대를 이해해 보려고도 하고요. 불같이 화를 내는 경우는 많지 않죠. 하지만 상대가 연인이나 가족처럼 정말 사랑하는 사람일 때 오히려 우리는 '내 기준'을 강요합니다. 가까운 사이에서는 감정을 적나라하게 드러낼 수 있기 때문입니다. 그들에게만큼은 나의 존재감이 더 크다는 걸 알고 있으니까 그만큼 나를 내세우고 강요하게 되는 것입니다.

그럼 이번에는 엄마를 떠올려볼까요? 세상에서 가장 가깝고 소중한 존재이면서 애틋한 대상이기도 하지만, 우리는 아이러니하게도 엄마를 가장 함부로 대하곤 합니다. 하루 치의 스트레스와 짜증을 잔뜩 껴안고 집에 돌아와서는 가장 먼저 엄마한테 쏟아붓는 경우도 많잖아요. 도대체 우리는 왜 이러는 걸까요? 역설적이게도 우리가 그들을 가장 사랑하고 가장 가까이 두고 있기 때문입니다. 이성보

다는 감정이 앞서게 되죠. 밖에서는 '기분이 태도가 되지 않도록' 모든 것을 이성적으로 억누르며 지내지만, 집에 돌아오면 고삐가 풀린 듯 감정을 적나라하게 드러내며 나의 존재감을 어필하려고 합니다.

오래된 연인에게도 마찬가지입니다. 그래서 사랑을 오래 유지하려면 이런 아이러니를 이해하고 늘 조심해야 합니다. 운명적인 사랑도 결국은 내가 노력해서 만들어가는 것입니다. 처음에는 상대방을 향한 강렬한 끌림을 느끼고 거기에 운명이라는 서사를 부여해서 낭만화하지만, 시간이 지나면 상대방에게 익숙해지고 결국은 서로의 진실에 가까워질 수밖에 없습니다. 중요한 것은 진실에 다가가는 순간 모든 환상이 깨진다는 것이에요.

사랑을 주제로 한 대부분의 소설은 이 운명과도 같은 만남과 뜨거운 사랑 그리고 차가운 이별을 그리고 있습니다. 알랭 드 보통의 소설 『왜 나는 너를 사랑하는가』도 남녀가 만나 서로 사랑에 빠진 후 강렬한 감정을 공유하는 절정의 시기를 지나, 어느새 시들해져 더 이상 서로를 운명이라고 느끼지 않는 권태와 이별에 이르는 단계를 고스란히 담아내고 있습니다. 다만 이 연애소설의 특별한 점은 연애라는 사건 속에 남녀의 심리를 철학적 사유와 함께 엮어내 '사랑에 관한 고찰'을 담아냈다는 점입니다.

소설 속 '나'는 파리에서 런던으로 가는 비행기에서 그래픽 디자이너 클로이와 상상할 수 없을 정도의 희박한 확률로 만납니다. 아니나 다를까 이들 역시 '낭만적 운명론'에 빠져서 뜨거운 사랑을 시작하죠. 운명적 사랑에 빠진 연인들이 그렇듯 서로를 이상화하며 알아가기 위해 애씁니다. 그러나 클로이는 결국 '나'를 떠나고, 실연당한 '나'는 자살을 시도하는 등 이별의 상처에 괴로워하지만 점차 그녀가 없는 삶에 익숙해집니다. 그리고 다시 새로운 운명적 사랑에 빠집니다.

소설 속에는 이런 슬픈 구절이 나옵니다.

나는 상상 속에서만 클로이를 배반했던 것이 아니다. 종종 따분하기도 했다. 호화로운 호텔이나 궁전에 사는 사람들이 증언하듯이, 사람은 어떤 것에든 익숙해질 수 있다. 한동안 나는 클로이가 나를 사랑한다는 기적을 심드렁하게

186

여기게 되었다. 그녀는 내 삶의 일상적인, 따라서 눈에 보이지 않는 특징이 되어버렸다.

989.727분의 1의 확률로 만난 여자와의 사랑이 평범한 일상이 되어버린 현실이라니, 쓸쓸함을 넘어서 서글픔마저 느껴집니다. 안타깝게도 사랑은 언제나 절정을 지나 권태로 향해 나아갑니다.

* * *

수많은 문학작품이 '사랑은 무엇인가'에 관해 이야기하고 있습니다. 물론 해답을 내린다기보다 시대에 따라 달라지는 사랑의 유형과 남녀의 감정 파고를 통해 본질적 의미에 대해 질문해 왔죠. 저는 사랑이나 연애도 '그 시대에서 느끼는 감정의 합의'라고 생각합니다. 중세 시대 때는 가문 간의 결합을 통해 이루어지는 공고한 공동체가 사랑의 근간을 이루지 않았을까요? 책임감을 사랑이라고 생각하던 시대도 있었죠. 그리고 한동안은 낭만적 사랑을 갈구하던 시대도 있었습니다. 낭만적 사랑이 '영혼과 영혼의 걸림'이자 모든 현실을 초월한 이상적인 사랑이라고 생각하던 때요. 그리고 이제는 또 다른 모양의 사랑이 우리를 기다리고 있습니다. 영화 「그녀」에서처럼 AI와의 사랑이 화두가 될지도 모르겠습니다. 그때도 여전히 문학은 다양한 사랑 이야기를 통해 새로운 시대에서 사랑의 의미를 묻고 있겠죠.

그럼 이번에는 이런 질문도 해보고 싶습니다. 거짓으로 시작된 남녀의 관계도 사랑이라 불릴 수 있을까요? 저는 위선적인 사랑도 인간의 고유한 감정 중 하나로 볼 수 있다고 생각합니다. 너무 관대하다고 생각할지도 모르겠습니다. 그렇지만 사랑이 보여주는 것은 결국 인간의 모습 그 자체니까요. 그래서 아름다운 사랑도 있지만 불완전하고 어딘가 일그러진 사랑도 있는 것입니다. 영화 「클로저」 속 주인공들의 얽히고설킨 사랑처럼요.

영화는 스트립 댄서 앨리스가 런던의 길거리에서 한 남자를 바라보며 길을 건너다가 교통사고를 당하는 것으로 시작됩니다. 인파 속에서 그녀와 마주 보며 걸어오던 남자는 소설가를 꿈꾸는 부고 전문 기자 댄. 그가 그녀를 병원에 데려가면서 둘의 관계는 시작됩니다. 이보다 더 극적인 사랑의 시작이 있을까요? 당연히 그들은 운명적 사랑을 시작하게 됩니다. 시간이 흐르고 댄은 앨리스의 이야기를 소설로 써서 작가로 데뷔합니다. 그리고 표지 사진을 찍으며 만나게 된 사진작가 안나에게서 앨리스와는 또 다른 설렘을 느끼게 되죠. 안나도 댄이 마음에 들었지만 앨리스의 존재를 알게 된 후 혼란스러워하다가, 우연히 만난 의사 래리와 결혼합니다. 하지만 그녀는 댄과의 만남을 이어나가고 이들의 관계를 알게 된 앨리스와 래리는 큰 상처를 받게 되죠. 사랑의 진실을 찾아 헤매는 남녀의 사각관계는 꼬일 대로 꼬여만 갑니다. 만남과 헤어짐을 거듭하며 시간이 흐른 후, 댄은 길을 걷다가 앨리스를 처음 만난 날 거리에 있던 벽보에 쓰인 '앨리스 아이리스'라는 이름을 발견합니다. 그러고는 앨리스가 가명을 썼다는 사실을 깨닫게 됩니다.

영화 「클로저」에는 사랑의 단계가 선명하게 드러나 있습니다. 서로에게 '낯선 존재'일 때는 관계가 잘 유지되

다가, 점점 '더 가까이(closer)' 다가가 진실에 가까워지면 관계는 흔들리고 깨어지죠. 그런 점에서 이 영화는 사랑과 연애의 본질에 가장 가깝게 다가간 영화이기도 합니다.

> "당신 애인이 책을 썼다는데 잘 썼소?"
>
> "물론이죠."
>
> "당신 얘기라는데."
>
> "일부만."
>
> "빼먹은 건 뭐요?"
>
> "진실."

댄이 쓴 소설에 자신에 관한 진실이 빠져 있음을 쿨하게 인정하는 앨리스. 그녀가 댄에게 자신의 이름을 숨긴 이유는 이런 사랑의 아이러니를 이미 알고 있었기 때문일까요? 사랑에 빠진 연인들의 관계는 진실에 다가가면 갈수록 공허해집니다. 그래도 너무 슬퍼하지는 말길 바랍니다. 그 진실에 다가서기 전까지 연인들은 가장 복합적이면서도 순도 높은 감정의 상태에 빠지게 되니까요. 한없이 차오르는 충만함, 순간의 몰입감, 진정성, 고통과 환희….
인간이 경험할 수 있는 감정의 극한을 경험합니다. 하지만
강렬한 몰입감을 경험하고 싶어서 사랑을 좇는 사람들은
언제나 실망하거나 상처받을 수밖에 없습니다.

　우리는 늘 미디어를 통해 사랑에 관한 낭만적 서사를
접하고 있어서 그 서사에 익숙합니다. 사랑은 운명적이고
뜨겁고, 완전하리라는 착각에 빠지곤 합니다. 그러나 사랑
자체가 우리 인생의 목적이 될 수는 없습니다. 사랑만으로
온전히 그리고 영원히 서로를 충족시켜 줄 수는 없습니다.
시인 김수영도 「사랑」이라는 시에서 균열이 예정된 사랑
의 속성에 관해 이야기합니다.

　　어둠 속에서도 불빛 속에서도 변치 않는
　　사랑을 배웠다 너로 해서

　　그러나 너의 얼굴은
　　어둠에서 불빛으로 넘어가는
　　그 찰나에 꺼졌다 살아났다

너의 얼굴은 그만큼 불안하다

번개처럼
번개처럼
금이 간 너의 얼굴은

그렇습니다. 정말 모든 사랑의 얼굴에는 균열이 내재되어 있을지도 모릅니다. 변치 않는 사랑을 가르쳐준 연인의 얼굴에 깃든 불안처럼요. 그것은 김수영 시인의 표현처럼 '찰나에 꺼졌다 살아났다' 하곤 합니다. 그러나 우리는 어쩌면 그 불안과 불길함을 견디는 과정에서 진정한 사랑을 배워나가는 게 아닐까요. 그 단계를 넘어서 깨닫게 되는 것이 우리가 말하는 진짜 사랑의 본질이리라 믿으며 세상의 온갖 사랑 이야기들을 곱씹어 봅니다. 우리는 결국 사랑 없이 살 수 없는 존재들이니까요.

모쪼록 당신의 마음이
편한 쪽이길 바랍니다

오해와 이해

"자신이 얼마나 자주 타인을 오해하는가
를 자각하고 있다면, 누구도 남들 앞에서 함부로 말하지는
않을 것이다."

괴테의 말입니다. 우리는 살아가면서 정말 많은 오해
를 주고받죠. 저는 주로 문자나 카톡, 메일을 주고받을 때
오해가 생기더라고요. 상대방의 표정이나 몸짓, 발짓(?)이
전혀 안 보이니까 나는 별생각 없이 쓴 말에도 상대가 큰
의미를 부여하거나 내가 의도한 바와는 전혀 다른 방향으

로 해석하는 경우도 많았어요. 그래서 이모티콘이라도 적절히 써서 오해를 막으려다 보니 어느새 이모티콘 부자가 되어버리더군요. 요즘 유행하는 MBTI 이야기에서 T와 F 사이 오해들도 재미있던데, 가만히 보다 보니 이런 오해들이 연인이나 친구 사이에 이별을 불러오는 경우도 많다고 해서 놀랐습니다. 이성적인 T와 감성적인 F가 각자의 방식대로 반응하고 조언하다 보면 섭섭함이 쌓이고 결국 돌이킬 수 없는 지경에 이르게 되는 것이죠. 살아가다 보면 이렇게 사소한 뉘앙스로 인한 작은 오해부터 돌이킬 수 없는 불화를 불러오는 오해까지 많은 오해가 생겨나고 풀립니다. 타이밍이 맞지 않아서, 가치관이 달라서, 생각하는 방식에 차이가 있어서 오해가 시작되는데 문제는 오해를 상대에게 터놓고 말하기가 쉽지 않다는 점입니다. 특히 상대를 배려하기 위한 말과 행동이 도리어 그에게 상처를 주는 경우, 그 오해를 풀기까지 시간이 오래 걸리고 그 과정에서 나도 상처를 받곤 합니다. 자신의 억울함까지 숨기고 이해시켜야 하기 때문이지요.

오해에 관한 이야기를 할 때 제가 꼭 함께 소개하는

소설이 있습니다. 바로 프레드 울만의 소설 『동급생』입니다. 이 소설에서 운명처럼 서로에게 끌렸던 두 소년 한스와 콘라딘의 관계가 소원해진 것도 다름 아닌 오해 때문입니다. 이 소설은 유대인 의사의 아들인 열여섯 살 한스 슈바르츠와 새로 전학 온 독일 귀족 소년 콘라딘 폰 호엔펠스의 우정을 그리고 있습니다. 한스와 콘라딘은 예술과 철학 그리고 신에 대해 토론하고 시를 낭송하면서 그들만의 우정을 쌓아나갑니다.

어느 날 한스는 자신의 수집품을 보여주기 위해 콘라딘을 집으로 초대합니다. 그런데 한스의 아버지가 콘라딘을 '백작님'이라고 부르며 깍듯이 대하자 한스는 열등감을 느낍니다. 자신의 우상과도 같은 아버지가 계급 앞에서 무너지고, 자신의 초라한 옷차림이 콘라딘의 거대한 성과 어울리지 않는다는 걸 깨닫게 되면서 자격지심까지 갖게 되었을 것입니다. 게다가 콘라딘은 한스를 집으로 초대하기를 꺼리고 반드시 부모가 없을 때만 초대합니다. 어느 날엔 한스가 오페라를 보러 갔다가 콘라딘과 그의 부모를 보게 되는데, 콘라딘은 한스를 못 본 척 지나가고 맙니다.

이 일로 둘은 크게 다투지요. 급기야 한스는 콘라딘의 어머니가 유대인을 혐오한다는 사실을 알게 됩니다.

그러나 사실 콘라딘이 한스에게 자신의 부모님을 소개하지 않은 건 일종의 배려였습니다. 진실이 항상 아름답지는 않잖아요. 불편한 진실을 감추려 했던 콘라딘의 행동을 한스는 오해했던 것인데, 열여섯 살 소년에게 이 일은 마음 깊은 곳의 열등감을 불러일으키기에 충분했죠. 한스는 상처를 받게 되고 결국 둘 사이는 멀어지게 됩니다. 무엇보다 한스에게 충격적인 사실은 자신이 그토록 사랑했던 영혼의 단짝과도 같았던 친구가 자신의 부모를 죽음으로 내몬 나치의 신봉자가 되었다는 점이었습니다. 그때의 상처가 너무 컸던 한스는 서로에 대한 오해를 풀 생각도 하지 못한 채 오랜 세월을 외면하며 살게 됩니다.

『동급생』에서 오해가 이해가 되는 과정을 설명하는 부분은 굉장히 인상적입니다.

너는 내게 크나큰 영향을 미쳤어. 나에게 생각하는 법과 의심하는 법을 가르쳐 주었고 의심을 통해 우리 주님과 구세주 예수 그리스도를 찾는 법도 가르쳐 주었어.

이해에 관해 이야기할 때 저는 항상 이 구절을 떠올립니다. 오해만 하는 사람들은 나만의 세계에 갇혀 다른 사람의 세계관을 이해하려 하지 않은 채 그저 틀렸다고만 말합니다. 그러나 콘라딘은 이 지점에서 정말 성숙한 사람이죠. 한스가 자신에게 '의심하는 법'을 가르쳐줬다고 말하고 있으니까요.

우리는 오해하는 대신 의심하는 법을 배울 줄 알아야 합니다. 늘 내가 틀릴 수도 있다고 생각하며 나의 세계도 의심할 줄 알아야 합니다. 콘라딘은 한스가 떠난 후에도 줄곧 그렇게 살아온 것 같아요. 콘라딘은 한스로부터 스스로를 의심하는 법을 배웠고 그래서 한스를 깊이 이해했기에 자신의 가치관도 바꿀 수 있었습니다.

이 소설의 마지막에서 콘라딘에 대한 한스의 오랜 오해는 단번에 풀립니다. 독일을 떠나 미국에서 성공적인 변호사로 일하고 있던 한스에게 콘라딘과의 우정은 어느덧 잊힌 지 오래였죠. 그런데 어느 날 한스에게 제2차 세계대전 때 목숨을 잃은 동창들을 기리는 추모비 건립에 기부해 달라는 호소문과 죽은 학우들의 인명록이 담긴 편지가 도착합니다. 그리고 한스는 인명록 속에서 익숙한 이름을 마주하게 됩니다.

폰 호엔펠스, 콘라딘. 히틀러 암살 음모에 연루. 처형.

나치 신봉자였던 콘라딘이 히틀러 암살 음모에 가담해 죽음을 맞이했던 것입니다. 이 소름 돋는 반전을 통해 작가가 의도한 것은 무엇이었을까요? 아마도 오해와 이해가 한 끗 차이라는 걸 말하고 싶었던 게 아닐까 싶습니다. 한스는 콘라딘을 오랫동안 단단히 오해하고 있었지만, 저 한 줄의 문장으로 한순간 그의 모든 삶을 이해하게 되었으니까요.

소설처럼 극적인 상황이 아니더라도 일상생활 속의 수많은 인간관계는 오해를 주고받다가 결국은 이해하게 되는 과정이라고 해도 과언이 아닙니다. 그렇다면 누군가를 섣불리 오해하지 않기 위해서는 어떤 노력이 필요할까요? 일단 그 사람의 근본에 대한 믿음이 있어야겠죠. 예를 들어 어떤 사람을 오해할 일이 생겼을 때 '그 사람이 그런 말을 했을 리가 없어. 뭔가 이유가 있을 거야'라고 한 번쯤 다시 생각해 볼 수 있을 정도의 믿음을 갖고 있다면 오해를 줄일 수 있습니다.

자존감도 중요한 키워드입니다. 특히 사회생활을 하다 보면 나의 의도와 심지어는 배려하는 마음조차 오해하는 사람들이 많잖아요. 저는 이런 오해들이 대부분 그것을 받아들이는 사람의 자격지심 때문이라고 생각합니다. 상처가 크면 그만큼 오해도 커지기 마련이니까요. 이런 오해의 악순환에 빠지지 않기 위해서는 우선 자존감부터 높여야 합니다. 자격지심이 있는 사람들은 도처에서 등장하죠. 자존감은 낮고 자존심은 센 사람들입니다. 자존감과 자존심은 엄연히 다릅니다. 자존심은 타인에게 굽히지 아니하고 품위를 스스로 지키는 마음이지만, 자존감은 자기 자신을 그 자체로 존중하고 사랑하는 감정을 의미합니다. 그런데 자존심만 강한 사람일수록 유독 사소한 일에도 '자존심 상한다'는 말을 자주 합니다. 상대가 아무리 좋은 의도로 조언을 하거나 배려해도 자신을 얕잡아본다고 오해를 하곤 합니다. 이렇게 되면 오해를 하는 사람도, 오해를 받는 사람도 누구 하나 좋을 것 없는 결말을 향해 가게 되죠.

타이밍과 소통도 중요합니다. 한스와 콘라딘이 서로를 오해하던 시기에 만약 계속 함께할 수 있었다면 오해의 골이 그렇게까지 깊어지지는 않았을 것입니다. 따라서 관계를 지키려면 단절을 경계해야 합니다. 소통하지 않은 채 서로의 마음을 미루어 짐작한다면 우리는 서로를 영영 이해할 수 없을지도 모릅니다. 사람에 대한 믿음도 끊임없이 소통하는 과정에서 생기기 마련이잖아요.

이렇게 서로를 오해하지 않으려는 처절한 노력에도 불구하고 우리는 어쩔 수 없이 상대를 오해하거나 상대로부터 오해를 받습니다. 그럴 때는 조금 쿨하게 대처해도 좋을 것 같아요. 나의 진심과 배려가 상대로부터 철저하게 외면받았을 때 이렇게 생각해 보는 건 어떨까요? '이건 어디까지나 당신의 문제이고, 당신은 나를 비난할 권리가 없어.'

* * *

‘이해’란 가장 잘한 오해이고, ‘오해’란 가장 적나라한 이해다.

"너는 나를 이해하는구나"라는 말은 내가 원하는 내 모습으로 나를 잘 오해해준다는 뜻이며, "너는 나를 오해하는구나"라는 말은 내가 보여주지 않고자 했던 내 속을 어떻게 그렇게 꿰뚫어 보았느냐 하는 것에 다름 아니다.

김소연 시인의 에세이 『마음사전』 속 한 구절입니다. 오해와 이해에 관해 이처럼 명징하고 통찰력 있게 정의한 문장이 있을까요? 이 글을 찬찬히 곱씹어 보면 누군가를 ‘이해한다’는 것이 오히려 상대가 보여주고 싶은 부분만을 골라 봤다는 의미가 됩니다. 단편적인 부분만 알고 있다는 의미로 해석할 수 있는 것이죠. 우리는 언제나 오해보다는 이해를 받고 싶어 하지만 가만히 생각해 보면 그 마음은 곧 내가 상대에게 보여주고 싶은 좋은 부분만 그들이 보고 이해해 주길 바라는 마음이기도 합니다. 내가 보여주고

싶지 않은 모습을 그들이 목격했을 때 그것을 오해라고 단정 짓는 것일 수도 있겠습니다. 어쩌면 인간관계를 유지하기 위해서는 오해와 이해 두 가지 모두 필요한지도 모르겠습니다.

물론 때로는 내가 누군가에게 상처를 준 적은 없을까 되돌아볼 필요도 있습니다. 나에게서 상처를 많이 받은 사람은 그만큼 오해의 크기도 커질 수밖에 없잖아요. 특히 멀어지고 싶지 않은 사람이라면 그를 이해해 보려고 노력하는 일도 가치 있습니다. 혹시나 내가 저 사람에게 뭔가 상처를 준 것은 아닐까 고민해 보고 그래도 답을 찾지 못했을 때는 용기를 내서 직접 물어보세요. 잃고 싶지 않은 누군가가 곁에 있다는 건 참으로 행복한 일이니까요.

지금 우리 사회에는 그 어느 때보다 공감과 역지사지의 마음이 필요합니다. 매일 흉흉한 뉴스가 들려오고 당장 누가 내 뒤통수를 칠지 몰라 전전긍긍하는 사회에서 다른 사람의 입장을 헤아려보는 마음의 여유를 찾기란 쉽지 않습니다. 어쩌면 제 이야기가 공자 왈 맹자 왈 같이 현실성 없는 말로 들릴 수도 있겠습니다. 그러나 상대를 이해하는 일은 당신에게도 나쁠 게 전혀 없습니다. 평생 콘라딘을 오해하며 살았던 한스의 삶이 행복했을 리 없는 것처럼요. 저는 책의 첫 도입부를 잊을 수 없습니다.

그는 1932년 2월에 내 삶으로 들어와서 다시는 떠나지 않았다. 그로부터 사반세기가 넘는, 9천 일이 넘는 세월이 지났다. 별다른 희망도 없이 그저 애쓰거나 일한다는 느낌으로 공허한 날이 가고 달이 가고 해가 갔다. 그중 많은 나날들이 죽은 나무에 매달린 마른 잎들처럼 종작없고 따분했다.

콘라딘을 잊고 지냈던, 아니 묻고 지냈던 9천 일이 넘는 세월 동안 한스가 겪어내야 했던 팍팍한 삶의 무게가 고스란히 전해지는 듯합니다. 누군가를 오해한다는 건 어쩌면 오해받는 일보다 더 힘겨운 일인지도 모릅니다. 그래서 여러분이 당신을 오해하고 있을 누군가를 가엾게 여기고, 한편으로 당신이 오해하고 있는 그 사람에 대해서도 언젠가 한 치의 미심쩍음도 남기지 않고 이해할 수 있기를 바랍니다. 믿음을 통해서든, 자존감을 통해서든, 타이밍과 소통을 통해서든 모쪼록 그 방향이 부디 마음 편해지는 쪽이길 소망합니다.

왜 우리는
구분 짓고 미워할까

편견과 혐오

　　　　얼마 전 업무 미팅으로 저에 대한 정보가 전혀 없던 분을 카페에서 만나게 된 일이 있었습니다. 제가 다가가 인사를 건네자마자 그분은 화들짝 놀라며 이렇게 말했습니다. "어머, 저는 이름만 듣고 남자분이실 줄 알았어요!" 이름 때문에 종종 이런 오해를 받곤 합니다. 저도 가끔 이름만으로 상대의 성별을 혼자 결정짓곤 하는데, 이것도 일종의 편견이라고 볼 수 있습니다. 편견 없는 사람이 없으니 이 정도는 아주 귀엽다고 할 수 있겠네요. 우리는 때때로 누군가의 사는 곳, 옷차림, 인상, 심지어는 글씨체만으로도 편견에 사로잡힙니다. 여러분은 주로 어떤 편견에 빠지곤 하나요?

인류의 비극적 역사는 대부분 인간의 오만과 편견에서 비롯되었습니다. 그중 편견은 우리가 삶을 살아가면서 수없이 경험하는 삶의 태도죠. 편견은 공정하지 못하고 한쪽으로 치우친 생각 때문에 상대에게 공감하지 못하는 것입니다. 문제는 우리 모두가 이런 편견을 갖지 않기 위해 의식적으로 부단히 애쓰지만 편견에서 완전히 벗어나는 일이 쉽지 않다는 점입니다. 영국의 철학자 에드워드 버크는 "우리는 오래된 편견을 던져 버리는 대신 그것을 상당히 소중히 여긴다. 더욱 수치스러운 것은 그것이 편견이기 때문에 소중히 여긴다"라고 말하기도 했죠. 그만큼 벗어나기 힘든 것이 편견입니다.

편견은 왜 이렇게 버리기가 힘든 걸까요? 편견은 상황이나 대상을 단순화하고 일반화하는 데 유용하기 때문입니다. 오늘날은 복잡계의 시대인 만큼 다양한 고정관념과 편견이 공존합니다. 그래서 우리는 상대에게 공감하지 못하고 다른 집단을 적대시하기도 합니다. 심지어는 혐오하기까지 하죠.

편견에는 세 가지 종류가 있습니다. 공공연한 편견, 암묵적 편견, 자동적 편견입니다. 첫 번째 '공공연한 편견'은 대외적으로 특정 집단이나 대상에 대해서 편견 어린 말이나 행동 그리고 태도를 서슴지 않는 것을 의미합니다. 일례로 여론조사에서 흑인과 백인의 결혼에 대해 어떻게 생각하는지를 물었을 때 '지지하지 않는다'라는 본인의 의견을 서슴없이 밝힘으로써 흑인에 대한 편견을 드러내는 것입니다.

두 번째 '암묵적 편견'은 겉으로는 편견을 갖지 않는 것처럼 행동하지만, 다른 동기로 위장이 가능한 경우에는 언제든지 편견을 드러내는 행동을 하는 것입니다. 예를 들어 흑인이 감독인 영화를 비평하는 경우에 영화 자체를 비평한다는 명목하에 더 신랄하게 비판하는 경우입니다.

세 번째 '자동적 편견'은 뇌에서 자동적으로 편견을 갖게 되는 경우입니다. 흑인에 대한 편견 때문에 흑인이 무표정한 표정만 짓고 있어도 무섭다고 느낀다거나, 흑인의 외투 속에 총이 있을 것이라고 오해하는 경우입니다.

그렇다면 우리는 왜 이런 고정관념에 숱하게 사로잡히는 걸까요? 여기에도 세 가지 이유가 있습니다. 우선 효율성 때문입니다. 어떤 대상에 대해서 편견을 가지면 파악하기가 훨씬 쉽죠. 사람의 다면적 모습을 모두 이해하기 위해서는 많은 에너지를 써야 하지만, 편견을 갖고 바라보면 그런 수고를 들일 필요가 없으니까요. 두 번째 이유는 사회 문제나 부조리와 관련한 문제의식을 표출하는 데 유용하기 때문입니다. 특히 이 경우에는 소수의 집단을 골라서 증오의 대상으로 삼는 경우가 많습니다. 마지막 이유는 나의 정체성을 좀 더 뚜렷하게 정립하기 위함입니다. 이 과정에서 타인과 나를 보다 명확하게 구분할 수 있다고 믿곤 하죠.

** **

서론이 길었지만 사실 제가 진짜 하고 싶은 이야기는 편견과 고정관념에서 기인하는 '무사유'에 관한 것입니다.

무사유를 이야기할 때 빠질 수 없는 책이 바로 『예루살렘의 아이히만』이고요. 정치 철학자 한나 아렌트가 쓴 이 책은 사고하지 않는 삶이 얼마나 끔찍한 비극을 낳을 수 있는지 깨닫게 해줍니다. 이 책은 아렌트가 기자로서 나치 전범의 대표 격인 아돌프 아이히만의 재판 과정을 기록한 것으로, 아이히만이 교수형을 선고받고 죽음에 이르기까지의 과정을 상세하게 기록해 놓았습니다.

1942년 아이히만은 유대인 문제의 '마지막 해결책'인 대량학살의 집행자가 됩니다. 그는 유대인을 찾아내 집결시킨 후 집단 수용소로 보내 죽음으로 몰아넣죠. 전쟁이 끝난 후 아이히만은 미군에 붙잡혔으나 포로수용소에서 탈출해 몇 년간 중동지역을 전전합니다. 그러던 1960년 5월 부에노스아이레스 근처에서 체포되어 이스라엘로 이송되죠. 이후 이스라엘 정부가 예루살렘의 특별법정에서 연 재판에서 아이히만은 교수형을 선고받습니다.

제가 이 책을 읽으면서 가장 충격을 받은 부분은 아이히만이 그저 평범한 공무원이었다는 것이었습니다. 그는 마땅한 신념도 편견도 없었고, 심지어 유대인을 혐오하는 사람도 아니었습니다. "저는 지시한 대로 했을 뿐입니다."
유례없는 참극을 저지른 이의 변명이 이토록 단순하다뇨.

아이히만은 다만 '생각하지 않는 인간'이었습니다. 컨
베이어 벨트에서 작업하면서 지금 내가 무엇을 만들고 있
는지도 모른 채 주어진 일에만 충실한 노동자였던 것이죠.
끔찍한 학살을 저지른 사람의 정체가 그저 자신에게 주어
진 일을 잘하기 위해 성실하게 노력했던 사람이라는 점이
소름 돋을 정도로 충격적이었습니다.

그런데 현대사회에도 아이히만처럼 사고하지 않는
이들이 점점 더 많아지고 있습니다. 수많은 정보가 쏟아
지는 매일매일을 살아가다 보면 깊이 생각할 틈이 없어지
기 때문입니다. 무엇이든 묵인하고 방관하는 것, 고민하지
않는 삶은 큰 문제입니다. 폭력이 자행되는 현실을 보고도
침묵하는 것, 불법이 공공연히 저질러지는 현실을 보고도
방관하는 것, 부조리한 판결과 집행에도 분노하지 않는 것
말입니다.

그래서 학생들에게도 항상 말합니다. 지금 내 삶이 불
안하고 고달프다고 해서 사회의 부조리함에 대한 생각을

멈춰서는 안 된다고요. 이런 불안은 어느 시대 누구라도 비껴갈 수 없는 인간의 운명이기도 하죠. 문학 작품의 인물들도 매번 고민하고 슬퍼하고 분노하면서 고달프게 인생을 살아갑니다. 불안함 속에서 흔들리며 사는 게 인생이고 어떻게든 치열하게 노력하고 몰입하면서 이 불안감의 진동을 떨치며 살아가는 게 또 인생입니다. 이를 인정하지 못하니 절대적인 존재를 갈구하게 되는 것이죠. 자신의 불안감을 의탁할 절대적 존재란 봉건주의 시대에서는 종교나 왕일 수 있고 요즘 시대에서는 내 삶에 안정감을 줄 절대적인 권력자일 겁니다. 독립된 인간으로서의 내 주체성을 그들에게 완전히 맡겨버리는 경우도 있습니다. 그러다 보면 비판의식이 사라지고 무엇이 맞고 틀린지에 대한 고민도 하지 않게 됩니다. 결국 무사유의 인간이 되고 마는 것이죠.

그래서 철학자 에리히 프롬이 말한 자유는 '불안'과 일맥상통합니다. 현대사회에서는 모두가 태어나는 동시에 불안 속에 던져집니다. 우리는 과거 노예들에게는 없던 자유를 얻었지만 그 무게를 견디지 못해 도피하려고 합니다. 하지만 이 자유로부터 도피하는 순간 모든 비판적 성찰은 사라지고 맙니다. 사회에 대한 비판적 성찰이 없다는 것은 한나 아렌트가 경계한 무사유의 인간이 되어가는 것을 의미합니다. 그러니 우리는 자유의 범주를 긍정이 아닌 부정의 영역까지 넓혀서 받아들여야 합니다. 그래야 주체성을 유지하면서 살 수 있습니다. 자유와 함께 동반되는 불안을 받아들이면 자유가 버거워 절대적인 권력에게 자신을 내맡기는 우를 범하지는 않겠죠.

제가 학생들에게 아무리 삶이 힘들어도 사회에 대한 비판적 사고의 끈을 놓지 말라고 강조하는 것도 바로 이 때문입니다. 게다가 그들은 장차 공무원이 될 사람들이기에 이런 부분은 더욱더 중요합니다. 늘 조직에 충실하고 최선을 다하는 게 중요한 책무인데, 만약 조직이 나에게 부여한 임무나 체계에 근본적인 문제가 있다는 걸 알게 된다면 우리는 어떻게 행동해야 할까요? 비단 공무원에게만 국한된 문제는 아닙니다. 조직 생활을 하는 사람이면 누구나, 언제든 맞닥뜨릴 수 있는 문제입니다.

물론 유대인 대학살의 참극을 목격한 아이히만도 충

격을 받고 일말의 죄책감을 느낀 적은 있다고 합니다. 하지만 전범 중에서도 최고층들이 모인 반제 회의에서 아무렇지도 않게 학살에 관해 이야기하는 모습을 보고는 티끌 같던 죄책감마저 한순간에 씻어버립니다. 아이히만은 뻔뻔하게도 이렇게 말합니다.

"당시 나는 일종의 본디오 빌라도의 감정과 같은 것을 느꼈다. 나는 모든 죄로부터 자유롭게 느꼈기 때문이다."

본디오 빌라도는 예수 그리스도에게 반역죄를 씌워 사형을 언도한 총독입니다. 그는 예수를 처형한 후에 유대인들이 처형해 달라고 해서 해줬을 뿐이라며 그 사건에서 한 발짝 물러섭니다. 이후 빌라도는 물로 손을 씻으면서 자신은 죄가 없다고 말하죠. 마찬가지로 아이히만도 양심을 자기합리화로 포장함으로써 유대인 대량학살 전문가가 되어 악역을 수행하고 만 것입니다.

전쟁이 끝난 후 재판에 넘겨진 다른 장성들도 마찬가지였습니다. 자신들이 저지른 일에 대해 스스로의 양심에 따라 판단할 일이 아니라, 신이나 역사가들에 의해 판단될 일이라고 말했습니다. 비틀어진 충성과 신념은 자기합리화에 불과합니다. 이런 자기합리화는 부도덕한 권위에 복종하면서 시작됩니다. 자기합리화가 강화될수록 점점 더 강한 편견을 낳게 되고, 그것이 일상화되면 상상도 할 수 없는 참극을 불러올 수도 있습니다.

그런데 과연 나치즘 안에서 그렇게 잔인한 행동을 했던 수많은 사람이 개인적으로도 부도덕한 사람들이었을까요? 그들은 어쩌면 충실한 신앙인이었고 굉장히 모범적인 사람이었을 수도 있습니다. 실제로 아이히만의 정신을 감정한 의사들이 그가 이상할 정도로 '정상'이었다고 말하기도 했죠. 그는 비정상적이고 비이성적인 사람이 아닌 지극히 정상적이고 일반적인 보통의 사람이었습니다. 단지 비뚤어진 자기합리화를 통해 부도덕한 권위에 충성했을 뿐이죠. 편견에 잠식되어 더 이상 사유하지 않은 채 자기합리화만 일삼는 것을 한나 아렌트는 '악의 평범성'이라 꼬집은 것 아닐까요.

＊＊＊

　　저는 세상에 절대적인 신념과 올바름이 있다고 생각하는 것 자체가 편견의 시작이라고 생각합니다. 지금 우리가 당연히 옳다고 생각하는 것들이 불과 100년 전에는 당연하지 않았죠. 모든 것이 마찬가지입니다. 시대마다 올바름의 기준은 달라질 수 있습니다. 그러니 사회적 이슈가 생겼을 때는 시대를 공유하는 사람들끼리 늦더라도 천천히 합의를 이루는 과정이 필요합니다.

　　그렇게 노력하다 보면 편견에 매몰되어서 누군가를 미워하고 혐오하는 일이 점점 줄어들지 않을까요? 요즘은 특정 집단을 싸잡아서 일반화하고 조롱하는 일이 일상적으로 벌어지고 있습니다. 특정 연령의 젊은이들을 MZ세대로 명명하고서는 하나로 묶어버리는 것처럼 말입니다. 'MZ세대는 이렇다'는 편견 속에서 개개인의 삶은 매몰되고 있습니다. MZ세대가 아닌 개개인을 하나의 인격체로 바라보고 저마다의 삶을 존중해 주어야 합니다. 이는 다른 세대를 대할 때도 마찬가지입니다.

사회 문제를 바라볼 때도 그것을 어느 집단의 문제로 규정지어 버리면 답이 없습니다. 특히나 우리 사회에 혐오가 일상화되면서 극혐, 남혐, 여혐, 틀딱충, 맘충 등 나쁜 말들이 일상어처럼 쓰이는데 이또한 경계해야 합니다. 편견이 무조건 혐오가 되는 건 아니지만, 일상적으로 혐오 표현을 쓰다 보면 점점 더 혐오가 만연한 사회가 되기 때문이죠. 말에는 그만큼의 힘이 있습니다.

그렇다면 편견과 혐오에서 한 발 물러나 세상을 바라볼 수 있는 방법은 무엇일가요? 저는 질문이 가장 좋은 방법이라고 생각합니다. '왜일까?'라는 궁금증에서 시작된 질문은 편견과 고정관념의 근간을 뒤흔들 생각의 무기가 될 수 있습니다. 저도 어렸을 때는 이런저런 일들에 의구심을 갖고 질문도 참 많이 했습니다. 주로 엉뚱한 질문들이었지만, 그 과정에서 생긴 호기심이 사고력과 함께 시너지를 내면서 성장의 밑거름이 되었다고 생각합니다. 그런데 세월이 흐르고 많은 일을 겪으면서 어느덧 질문을 하지 않는 어른이 되었네요. 인간관계를 비롯해서 사회 문제들도 마찬가지입니다. 괜히 질문해서 이슈의 대상이 되면

에너지 소모가 크고 일상에 지장을 받을 수 있다는 걸 알기 때문에 그냥 입을 다물게 된 것이죠.

다만 요즈음은 소소하게나마 나 자신에게 질문을 던져야겠다는 생각을 해봅니다. 제가 최근에 던진 질문이 하나 있습니다. '변하지 않는 것이 정말 미덕일까?'입니다. 우리는 자주 '저 사람 그새 많이 변했어. 옛날에는 안 그랬는데….'라는 말을 합니다. 이 말 속에는 분명 부정적인 뉘앙스가 담겨 있습니다. 하지만 사람은 누구나 상황과 동기에 따라 변하고, 그것은 오히려 긍정적인 신호일 수 있습니다. 우리가 늙어가는 것처럼 당연한 일일 수도 있고요. 반대로 스스로에게 '나는 얼마나 변했을까?'라는 질문도 해볼 수 있겠습니다. 여러분의 생각은 어떤가요? 눈코 뜰 새 없이 바쁜 일상 속에서도 여러분이 이런 소소한 질문들을 놓치지 않는 삶을 살아가면 좋겠습니다. 세상살이에 지쳤다는 이유로 질문을 멈춘 이들에게 소개하고 싶은 시가 있습니다. 천양희 시인의 시 「왜요?」입니다.

푸른 소나무도 낙엽 지고

더러운 늪에서도 꽃이 피다니요?

인생이란 느끼는 자에게는 비극이고

생각하는 자에게는 희극이라니요?

필연적인 것만이 무겁고

무게가 있는 것만이 가치가 있다니요?

사자별자리, 오늘밤

하늘에 봄이 왔음을 알립니다

회신 바랍니다 이만 총총

　저는 이 시를 읽으며 인생을 살면서 스스로에게 던져야 할 질문은 과연 몇 가지나 될까 생각해 보았습니다. 내가 가진 수많은 편견과 선입견을 깨부수기 위해 던져야 할 질문은 또 몇 가지나 될까요? 지금 여러분에게는 어떤 질문들이 있나요? 그럼 회신 바랍니다. 이만 총총.

상처 주고 상처받는
우리이기에

용서

얼마 전부터 뉴스를 통해 믿기 힘든 흉악
범죄들이 들려오고 있습니다. 평범한 출퇴근길, 친구를 만
나러 나가던 길, 가족과 산책하던 길… 일상의 순간마다
드리운 끔찍한 범죄들에 눈과 귀를 의심할 수밖에 없었죠.
범죄의 질이 나쁠수록 사회의 공분도 커지기 마련입니다.
사형제 부활, 물리적 거세 시행, 범죄자 신상 공개 등 범죄
자를 어떻게 처단할 것인가에 관한 사회적 합의에도 변화
의 조짐이 보이는 것 같습니다. 그렇다면 날마다 각종 흉

악범죄와 학교폭력 그리고 권력 집단의 횡포로 무고한 희생이 이어지는 세상에서 용서는 어떤 의미를 지닐까요? 절대 용서할 수 없는 범죄들이 우후죽순 벌어지고 있는 지금, 뜻밖에도 이번 이야기의 주제는 '용서'입니다.

'용서란 무엇인가'를 논할 때 절대 빼놓고 이야기할 수 없는 소설이 하나 있습니다. 바로 이청준의 소설 『벌레이야기』입니다. 용서에 관해 이야기할 때 가장 중요한 것은 무엇일까요? 아마도 용서의 주체와 용서받는 자의 자세 그리고 용서를 하는 태도일 겁니다. 『벌레 이야기』에서 알암이 엄마가 던지는 근본적인 질문도 이와 맞닿아 있습니다.

이 소설의 주인공은 유괴되어 살해된 알암이의 엄마이고, 화자는 그의 남편입니다. 아들을 살해한 범인은 다름 아닌 아들이 다니던 주산학원의 원장 김도섭이었죠. 알암이의 엄마는 아이를 잃은 뒤 교인의 끈질긴 설득 끝에 종교에 귀의하고, 급기야 죄인을 용서하기 위해 교도소로 면회까지 갑니다. 하지만 살인자가 신 앞에 회개해 용서를 받았다고 확신하는 것을 본 후 정신이상을 일으킵니다.

소설의 줄거리는 이렇게나 간단히 정리되지만, 소설 속 아들을 잃은 엄마의 삶은 결코 요약될 수 없는 가혹한 아픔과 처절한 슬픔으로 이어집니다. 그리고 그녀에게 용서는 관념 속의 그것과는 너무도 다르죠. 흔히 죄는 용서를 통해 구원받을 수 있고, 고통은 용서하는 순간 줄어든다고 하죠. 그래서 용서는 죄지은 자를 구원하기 위한 것이 아니라 스스로를 구원하기 위한 것이라 말하기도 합니다. 소설 속에서 알암이 엄마에게 주변인들도 이렇게 말합니다. 그런데 이상하죠. 소설 속 알암이 엄마의 주변인들은 정작 용서의 주체인 알암이 엄마에게는 관심이 없습니다. 그들은 용서의 주체를 느닷없이 절대적인 존재인 신으로 정해두고는 심지어 악을 저지른 사람조차 그 뒤에 숨어버립니다. 이런 기괴한 상황 속에서 알암이 엄마는 과연 건강한 용서를 할 수 있을까요. 소설 내용을 조금 더 자세히 살펴보겠습니다.

아이가 죽은 채로 발견되었을 때 알암이 엄마는 신앙심을 버리고 범인과 하나님에 대한 원망에 휩싸였습니다. 범인에게 사형이 선고되지만, 자신이 직접 범인에게 복수하지 못하는 것에 분노하며 하루하루를 보내죠. 그러던 중 김 집사가 그녀를 찾아옵니다. 김 집사는 '범인에 대한 사람의 심판은 끝났으니 이제는 하느님에게 모든 것을 맡기고 그를 용서하고 동정할 수 있어야 한다'고 말하죠. 복수심에만 의지해 살아가던 알암이 엄마에게 그 말은 더욱 큰 분노를 들끓게 하지만 결국 김 집사를 따라 알암이 엄마는 다시 교회에 나가기 시작하고 범인을 용서할 것을 강요받습니다.

그런데 어느 누가 용서의 주체에게 용서를 강요할 수 있을까요. 용서는 어디까지나 상처받은 자의 영역입니다. 누구도 그 영역을 침범해서는 안 되죠. 그것이 이웃이라도, 친구라도, 심지어는 가족이라도 말입니다. 그가 평생 용서하지 않는다고 한들 누구도 그것을 문제 삼을 수는 없습니다. 무엇보다 가장 큰 고통을 겪었을 당사자가 용서의 주체로서 스스로 용서할지 말지를 결정하는 것은 너무나 당연한 일이고 그 방식 또한 주변에서 강요해서는 안 됩니다.

그런데 이 소설에서 알암이 엄마는 끊임없이 용서를

강요받고 심지어 그 방식 또한 타인들이 정해줍니다. 이 대목을 읽을 때는 누구든 목구멍에 뭔가가 걸린 듯 가슴이 답답해지는 경험을 했을 것입니다. 여기에서부터 파국이 시작되죠. 소설 속에서 주변인들은 그녀에게 기도문을 외우게 하고, 교회에 가서 간증하게 합니다. 또 한 가지, 그들은 용서의 시기마저 정해놓았습니다. 하지만 어느 누가 고통받는 이에게 '이제는 용서할 때가 되었다'라는 말을 할 수 있을까요. 용서의 주체는 언제나 자기 언어로 얘기할 수 있어야 하며 용서하고 싶을 때 자신의 방식대로 그것을 흘려보낼 수 있어야 합니다.

저는 소설 속 김 집사를 보면서 혹시 그처럼 누군가에게 나의 방식을 강요하는 무지막지한 존재는 아닌지 스스로 되돌아보았습니다. 살인자 김도섭은 극소수의 인간이지만, 김 집사나 소설 속 화자인 남편은 주변에서 쉽게 만날 수 있는 평범한 인간 군상이라고 느껴져 더 아찔해졌습니다. 누구라도 그들처럼 선한 의도를 앞세워 나의 방식을 강요하기는 쉬우니 항상 그러지 않기 위해 노력해야 합니다.

그들 중 누군가는 살인자에게 아주 값싼 용서의 방법도 알려주었을 것입니다. 거짓 용서의 언어가 알암이 엄마의 것이 아니듯이 값싼 용서 또한 김도섭의 언어가 아니겠죠. 용서하는 주체도 타인의 언어가 아닌 자신의 언어로 이야기해야 하듯이, 용서를 구하는 자도 타인의 언어가 아닌 자신의 언어로 용서를 구해야만 진정성 있는 회개라고 할 수 있습니다.

주님의 용서를 강요하는 김 집사 때문에 알암이 엄마는 범인을 용서하려는 마음까지 먹게 되고 급기야 교도소로 면회를 갑니다. 그런데 아들을 죽인 범인은 '이미 하느님으로부터 용서를 받았다'며 평온한 얼굴로 그녀를 마주합니다. 결국 알암이 엄마는 하느님에게 용서의 대상을 빼앗기고, 용서의 기회마저 잃어버립니다. 그렇다고 다시 인간으로서의 복수심을 택하지도 못한 채 절망하다가 스스로 목숨을 끊습니다.

그때 김도섭이 마지막으로 남기고 간 몇 마디는 내게까지 어떤 새삼스런 배신감으로 몸이 떨려 견딜 수 없었을 정도였다.

"이제 와서 제가 왜 죽음을 두려워하겠습니까. 제 영혼은 이미 아버지 하느님께서 사랑으로 거두어주실 것을 약속해주셨습니다. 영혼뿐 아니라 제 육신의 일부는 이 땅에서 다시 생명을 얻어 태어날 것입니다. 저는 저의 눈과 신장을 살아 있는 형제들에게 맡기고 가니까요."

범인이 형장에서 남긴 이 말은 가장 소중한 것을 잃은 사람에게 더 큰 상실감을 안겨주었을 것입니다. 이 소설은 이창동 감독의 영화 「밀양」의 원작이기도 하죠.

* * *

살다 보면 용서를 구해야 하는 일만큼이나 타인을 용서해야 하는 일도 많습니다. 그런데 용서에도 종류가 있다는 사실을 아셨나요? 용서에는 크게 세 가지 종류가 있습니다. 방편적 용서, 역할 기대적 용서, 진정한 용서입니다. '방편적 용서'는 나를 위한 용서를 의미합니다. 내 마음이 불편하거나 상대와의 관계 악화를 염려해서 하는 용서죠. 이런 용서는 진정으로 상대의 잘못을 이해했다기보다는 겉으로만 용서하고 속으로는 여전히 경멸과 분노의 마음이 남아 있을 가능성이 큽니다. '역할 기대적 용서'는 주변 사람들의 권유에 못 이겨서 하는 용서입니다. 나의 마음에서 우러나는 진정한 용서가 아니기 때문에 복수와 분노의 마음은 여전히 남아 있어서 내적 갈등을 유발합니다.

마지막으로 '진정한 용서'는 말 그대로 동등한 위치에서 자발적으로 상대방을 이해하고 수용하면서 사랑의 마음으로 용서하는 것입니다. 이것은 상처받은 일을 잊어버리는 것과 다르고, 참거나 묵인하는 것과도 다릅니다. 법적인 처벌을 면해주는 것과도 다르죠. 이렇게 용서의 종류를 정리해 보면 거짓 용서와 진정한 용서가 구분됩니다.

거짓 용서는 '값싼 용서'와 같다고 생각합니다. 회개하고 구원받았다고 말하는 이들을 쉽게 용서하는 사회는 계속 억울한 피해자를 만들어낼 것입니다. 무엇보다 용서는 화해와 다릅니다. 화해는 쌍방이 동의하는 행위입니다. 그러니까 용서를 구할 일에 화해를 강요해서는 안 되는 것이죠.

때로는 용서할 필요가 없는 일들도 있습니다. 우리는 절대자가 아니기에 모든 것을 다 용서할 필요도 없고 용서할 수도 없잖아요. 만약 나에게 거듭 상처를 주면서 값싼 용서를 구하는 사람이 있다면 그와의 관계를 과감히 정리하라고 조언해 주고 싶습니다. 인간은 신이 아니기에 모두를 용서하는 삶을 살 수는 없습니다. 그럴 필요도 없고요.

개인의 삶뿐 아니라 역사 속에서도 용서는 큰 화두입니다. 일례로 매년 홀로코스트 추모일에는 이스라엘과 독일뿐 아니라 전 세계 사람들이 희생자를 기리는 시간을 갖곤 합니다. 참혹한 역사를 기억하면서 용서의 마감일을 정해놓지 않은 것이죠. 용서의 주체들은 언론을 통해 자신들의 이야기를 전하고 그 일과 관련된 기록을 책으로 펴내면서 끊임없이 역사를 되짚습니다. 용서의 주체들이 침묵하지 않고 자신의 목소리로 자신의 이야기를 할 수 있게끔 해주는 것이죠.

용서의 주체는 결국 피해 당사자들입니다. 그렇다면

그 용서의 시기나 방법도 그들이 정해야 하지 않을까요. 그리고 그들이 자신만의 언어로 이야기할 수 있도록 사회는 언제까지고 기다리면서 그들의 이야기를 경청해야 한다고 생각합니다.

* * *

저도 살아오면서 타인에게 적잖이 상처를 주었습니다. 의도적이었던 경우도 있고 그렇지 않은 경우도 있었겠죠. 그런데 이상하게도 의도적인 상처는 연인이나 가족, 혹은 친구처럼 아주 가까운 사람이나 애정이 깊은 상대에게 주었던 것 같습니다. 부끄럽지만 고백하자면 내가 상처를 줌으로써 상대방이 얼마나 아파하는지 확인하기 위함이었습니다. 상대방에게 나의 존재가 얼마나 큰지 확인하려는 의도도 담겨 있었던 것입니다. 그들에게 저도 용서를 구해야 하는 입장입니다.

우리가 용서에 관해 이야기해야 하는 이유는 개인적으로든 사회적으로든 살아가는 모든 것들은 서로 끊임없이 상처를 주고받기 때문입니다. 그래서 끊임없이 용서하고 용서받으며 살아야 하는데, 심지어는 내가 아주 사랑하는 사람일수록 상처의 깊이는 깊어지고 빈도는 잦아지죠. 이런 이야기가 한편으로는 비극적인 운명처럼 느껴질 수도 있겠네요. 그렇다면 이런 비극적인 운명 속에서 우리는 어떤 마음으로 상처를 대하며 삶을 살아야 할까요?

정호승 시인의 시 「이슬이 맺히는 사람」은 서로 상처를 주고받으며 살아갈 수밖에 없는 불가해한 인생을 어떻게 살아야 할지 조언해 주고 있습니다.

다행이다
내 가슴에 한이 맺히는 게 아니라
이슬이 맺혀서 다행이다

해가 지고 나면
가슴에 분을 품지 말라는
당신의 말씀을 늘 잊지 않았지만
언제나 해는 지지 않아

가슴에 분을 품은 채 가을이 오고

결국 잠도 자지 못하고

새벽길을 걸을 때

감사하다

내 가슴에 분이 맺히는 게 아니라

이슬이 맺혀서 감사하다

나는 이슬이 맺히는 사람이다

　나에게 상처를 준 누군가를 생각하면 가슴에 무거운 것이 얹힌 듯 분이 맺히곤 합니다. 그때 받은 상처가 다시 떠오르기 때문이죠. 그런데 이 시에서는 분이 맺히는 것이 아니라 '이슬이 맺힌다'고 말합니다. 어떤 의미일까요? 그것은 누군가로부터 상처를 받았을 때 분노하는 것이 아니라 연민하게 되었다는 뜻이라고 생각합니다.

　그렇다면 왜 분노하는 대신 연민하게 되었을까요? 내가 누군가에게 그런 상처를 주는 경우도 많다는 걸 깨달았기 때문입니다. 그러니 우리의 가슴에는 이슬이 맺히는 용서와 연민이 필요한 것이겠죠. 다만 용서의 주체는 상처 받은 사람이라는 걸 잊지 말았으면 합니다. 용서하고 싶지 않은 이에게 용서를 강요하면 분노만 깊어질 뿐입니다. 진정한 용서가 이루어져야 비로소 살아갈 연민도 생겨날 것입니다.

무척 현실적이라 차갑기도 하고, 이상적이라 따뜻하기도 한 이 시를 오랜만에 읽으니 몇몇 생각이 떠오릅니다. 용서하고 싶은 일은 용서하고, 아직 담아두고 싶은 일은 그대로 담아둔 채 오늘도 별다르지 않은 우리네 하루를 살아갑니다.

영혼이 올곧은
사람들에 관하여

부끄러움

몇 해 전 푹 빠졌던 영화가 한 편 있습니다. 우리 안의 다양한 감정들을 의인화해 풀어낸 애니메이션 「인사이드 아웃」입니다. 영화에 등장하는 다섯 개의 캐릭터 기쁨, 슬픔, 버럭, 까칠, 소심 중 많은 사람이 행복이에 공감하는 것 같았지만 저는 유난히 슬픔이와 버럭이에 감정이입이 되더라고요. 우리가 부정적이라 생각하거나 나쁘다고 여기는 감정을 조금 가까이에서 면밀하게 살펴볼 수 있어 좋았습니다. 괜히 그들이 짠해 보이기도 했고요. 아마 저도 그간 제 안의 슬픔이와 버럭이를 제대로 돌보지 못했던 탓이 아니었을까 생각합니다. 이 영화를 보았다면 여러분은 어떠셨는지도 궁금합니다.

이 다섯 개의 주요한 감정이 아니더라도 사실 우리 안에는 수백 개의 감정이 살고 있습니다. 우리는 일상에서 다양한 감정과 마주하죠. 공포감, 기대감, 역겨움, 괴로움, 질투심, 부끄러움…. 이토록 수많은 감정 중 제가 주목해보고 싶은 감정은 바로 부끄러움입니다. 여러분은 언제 부끄러움을 느끼시나요? 상대가 나를 비난했을 때 혹은 예기치 못한 상황에서 나의 실수가 만천하에 공개됐을 때 우리는 부끄러움을 느낍니다. 그리고 윤리적 기준에 어긋나는 행동을 했을 때, 능력의 부족함을 인정해야 할 때도 부끄러움을 느끼죠.

그런데 부끄러움이라는 감정이 부정적 의미만 지니고 있지는 않습니다. 부끄러움을 반면교사 삼으면 사는 동안 끊임없이 나를 성찰하는 계기를 마련할 수 있고, 시대정신을 확립해 나갈 수도 있습니다. 그래서 우리에게는 자신의 부끄러움을 건강하게 승화할 줄 아는 사람이 필요합니다. 앞에서도 등장했지만 '부끄러움의 미학'을 제대로 표현한 시인 윤동주가 대표적이죠. 일제 강점기에 원치 않는 창씨개명을 해야 했던 현실을 그는 그 누구보다 가슴 아파했습니다. 현실에 굴복할 수밖에 없는 자신에게 절망하면서 자괴감과 자기모순에 빠졌던 것입니다. 하지만 그는 자신의 부끄러움을 있는 그대로 받아들였고 주옥같은 글로 승화시켰습니다. 이렇듯 자신의 부끄러움이 어떤 모양인지에 따라 삶의 모습은 180도 달라질 수 있습니다.

지금부터 부끄러움과 수치심을 주제로 한 소설 나쓰메 소세키의 『마음』을 이야기해 보려고 합니다. 이 소설은 일본 근대소설의 대표작으로 감정의 묘사가 아주 섬세한 소설입니다. 이 작품은 주인공인 '나'와 '선생님'의 만남과 우정을 통해 인간의 마음에 대한 근본적인 질문을 던지고 있습니다.

정체 모를 고독 속에 자신을 가두고 세상과의 소통을 거부하는 선생님은 순수하고 젊은 '나'에게 자신의 지난 과거를 어렵게 털어놓습니다. 이 고백은 부끄러움과 단절이 불러온 비극을 이야기하고 있습니다. '나'는 가마쿠

라의 바닷가에서 우연히 선생님을 만나 친해진 후 도쿄로 돌아와서도 교류를 이어갑니다. 선생님의 학문과 사상에 경외심을 갖게 되면서 가까워지기 위해 노력하지만 선생님과의 거리는 좀처럼 좁혀지지 않죠. 그사이 '나'는 아버지의 병환으로 고향에 내려가 있는데, 돌연 선생님으로부터 유서와 같은 장문의 편지가 도착합니다. '나'는 위독한 아버지를 뒤로한 채 급히 도쿄로 돌아가게 됩니다.

누구에게도 자신의 마음을 드러낸 적 없는 선생님이 자결을 결심한 뒤 '나'에게 유서와 같은 편지를 남긴 이유는 무엇일까요? 선생님은 자신의 과오를 뉘우치면서 고독한 젊은 세대가 인간에 대한 신뢰와 윤리를 잃지 않고 자신이 한 실수를 반복하지 않기를 바랐기 때문입니다.

이 소설은 선생님이 그토록 숨겨왔던 비밀을 하나씩 알아가는 과정이라고도 할 수 있습니다. 고아였던 선생님은 어린 시절을 숙부 집에서 보냈습니다. 그런데 숙부는 선생님이 받은 유산의 상당 부분을 빼돌렸고 그것도 모자라 자신의 딸과 결혼하라고 종용합니다. 배신감에 괴로워하던 선생님은 고향을 떠나 도쿄로 가서 하숙을 시작하게 됩니다. 그곳에서 선생님은 사람에 대한 일말의 신뢰를 회복하는데, 하숙집 딸에게 연정을 품게 되면서부터입니다. 그러던 어느 날, 그는 친구 K를 하숙집에 데려오는데 이후 K는 선생님에게 하숙집 딸을 사모한다고 말합니다. 친구의 고백에 불안을 느낀 선생님은 서둘러 하숙집 아주머니에게 딸과의 결혼을 허락받습니다. 그런데 이 사실을 K에게 알리는 것은 주저하죠. 결국 아주머니가 K에게 결혼 이야기를 전하게 되고, 그로부터 며칠 뒤 K는 자살하고 맙니다.

기구한 과거의 인연 이야기를 '나'에게 토해내듯 고백한 선생님이 자살을 택한 이유는 무엇이었을까요. 생을 포기하는 결정을 하기까지 그가 살아오며 느꼈을 감정이 일종의 부끄러움 아니었을까 생각합니다. 숙부에게 배신당하고 괴로워하던 선생님은 친구의 죽음을 통해 자신도 숙부와 다를 바가 없다고 생각했을 겁니다. 숙부를 경멸했음에도 불구하고 자신도 욕망을 앞세워 스스로를 기만하고 친구를 배신했으니까요. 이후 선생님은 자신의 욕망을 지운 채 마치 '미라'처럼 살아가면서 평생토록 자신의 '마음'

을 붙잡고 장모와 아내에게만 몰두합니다. 하지만 자신을 가둔 적막한 감옥에서 끝내 탈피하지 못하고 스스로 목숨을 끊을 결심을 하죠.

여기까지 이야기를 들었다면 결국 부끄러움은 나쁜 감정이 아닌가 하는 의문이 들 수도 있을 겁니다. 실컷 부끄러움의 쓸모에 관해 이야기하다가 한 사람을 죽음으로까지 몰고 간 감정의 정체가 부끄러움이었다고 하니 혼란스럽게 느껴질 수 있습니다. 그러나 제가 말하려는 건 부끄러움 자체의 옳고 그름이 아닌, 자연스러운 감정인 부끄러움을 우리가 어떻게 끌어안아야 하는가에 관한 이야기입니다.

❖ ❖ ❖

선생님은 근대가 요구하는 도덕 기준이 아주 높은 사람이었습니다. 스스로 고결하고 도덕적인 사람이라고 생각했고, 친구인 K도 마찬가지였죠. 하지만 자신의 욕망이 그 도덕 기준을 넘어서자 이중적 삶을 사는 자신을 용서하지 못했습니다. 그러면서 K는 무너졌고 선생님은 K를 죽음에까지 이르게 한 모든 상황이 자신의 이기적인 욕망 탓이라고 생각합니다.

선생님과 친구 K는 둘 다 자신의 인생관이 너무나도 뚜렷한 사람들이었습니다. 하지만 그 도덕 기준에 자신이 미치지 못하자 부끄러움을 느끼고 자기혐오에 빠지게 된 것이죠. 이런 사람은 어쨌든 성찰할 줄 아는 사람입니다. 세상에는 그 어떤 수치심도 느끼지 못하는 사람도 많으니까요. 부끄러움이 많은 사람이라는 것은 그만큼 영혼이 올곧은 사람이라는 의미입니다.

안타깝게도 요즘 청년들의 자살 소식이 끊이지 않고 있습니다. 비슷한 또래의 학생들을 마주하는 저로서는 이런 사건들을 접하면 마음이 더 아파옵니다. 이들 중에는 취업을 하지 못해서 좌절하다가 자신의 실패에 부끄러움을 느끼고 스스로를 가족과 사회로부터 단절시킨 청년들이 많습니다.

오늘날 청년들은 세상이 만들어놓은 성공이라는 기준에 이르지 못했을 때 큰 좌절감과 부끄러움을 느끼는 것 같습니다. 이 감정이 단절되거나 고립된 상태에서 부각되면 그때는 문제 상황을 만들어낼 수 있죠. 자신의 삶에 부끄러움을 느낄 때 그것에 관해 진정성 있는 대화를 나눌 만한 사람이 없다면 그 감정은 자신에 대한 혐오로 전이되어 고독감이 깊어지면서 『마음』 속 선생님처럼 자살이라는 비극적 결말로 치닫게 되는 것입니다. 끝내 사람들과의 거리를 좁히지 못하면 우리 삶에는 빈 공간이 생기기 마련입니다. 선생님이 죽음을 택한 이유도 결과적으로는 아내와의 메워지지 않는 빈 공간 때문이었습니다.

파란도 곡절도 없는 단조로운 생활을 해온 내 내면에는 늘 이런 고통스러운 전쟁이 계속되었다고 생각해주게. 아내가 날 보며 속이 타기 이전에 나 자신이 몇 배나 더 속이 탔는지 모를 정도지. 내가 그 감옥 안에 도저히 가만히 있을 수 없게 되었을 때, 또 그 감옥을 도저히 부술 수 없게 되었을 때 결국 내가 가장 손쉬운 노력으로 수행할 수 있는 것은 자살밖에 없다고 생각했네.

***

　선재학술장학재단에서 1, 2기 장학생을 뽑던 날의 일
이었습니다. 저희 재단은 장학생을 선발할 때 1차에서 서
류 심사를 하고 2차에서 면접을 봅니다. 그날 재단 건물의
화장실 앞에서 한 여학생을 만났습니다. 그런데 그 학생이
저를 만나자마자 울음을 터뜨리는 거예요. 너무 당황해서
무슨 일이냐고 물었더니 여학생이 이런 말을 하더군요.

　"오늘 면접을 보면서 정말 울컥했어요. 수험 생활 내
내 저는 고립된 상태로 지냈거든요. 세상하고 완전히 단
절된 것처럼요. 어떤 날은 하루 종일 제대로 된 대화 한 번
못 해본 날도 많아요. 그런데 오늘, 면접관님이 제 이야기
를 집중해서 들어주시는데…. 그게 뭐라고, 그 순간이 너
무 좋은 거예요."

　그 학생의 말을 듣는 내내 마음이 먹먹했습니다. 너무
슬픈 현실이죠. 수험 생활을 하다 보면 누군가를 만나 마
음 편하게 대화를 나눌 수도 없고, 자신의 말을 귀담아 들
어주는 사람도 주변에 없거든요. 자신의 생각과 감정을 말

할 대상이 없는 것처럼 사람을 약하고 고독한 존재로 만드는 상황도 없는 것 같아요. 비단 수험생들만의 문제는 아니라고 생각합니다. 오늘날 사회에서 고립과 단절은 너무나 흔하죠. 세상의 모든 것이 서로 연결되어 있고 마음만 먹으면 언제든지 다양한 방식으로 소통이 가능한 세상이라지만, 정작 우리의 삶은 단절과 고립에 따른 부작용으로 점점 더 파편화되어 가고 있으니 정말 아이러니합니다.

『마음』 속 선생님은 사회적으로 우월한 지위를 지닌 사람이었기에 더욱 자신의 부끄러운 모습을 누구에게도 들키고 싶지 않았을 것입니다. 만약 자신의 속내를 털어놓고 부끄러운 모습까지도 솔직하게 나눌 수 있는 존재가 하나라도 곁에 있었다면 그가 그런 선택에까지 이르렀을까요? 스스로를 우월적 존재로 여겨 아내를 보호해야 할 존재라고만 생각하지 않고, 평등한 존재로 대하면서 아내에게 자신의 내면세계를 솔직하게 보여주었다면 어땠을까요.

문학의 면면들은 현실의 삶과 참 많이 닮아 있습니다. 우리가 문학 속 등장인물처럼 드라마틱한 인생을 살지는 않지만, 그들의 면면은 우리 삶 속에서도 자주 발견할 수 있잖아요. 소설 속 선생님처럼 가족 혹은 친구와의 관계도 언제든지 깨질 수 있고, 배우자와의 관계에서도 절대적인 빈 공간이 생길 수 있습니다. 아무도 나를 이해하지 못한다고 느낄 수도 있고요. 생각해 보면 당장 내일 나에게도 일어날 수 있는 일들입니다. 서로에게 조금 더 솔직해진다면 어떨까요. 선생님이 아내에게 다가가 솔직하게 털어놓았다면 어땠을까요. 그러나 선생님은 아내와의 거리감을 좁히려 하지 않았죠. 아내를 그저 자신이 보호해야 할 대상이라고만 여겼기 때문입니다. 선생님은 자신의 부끄러움을 절대로 드러내지 않고 '아내의 인생에 그늘이 지지 않게 하겠다'라고만 생각합니다. 만약 용기를 내 자신의 과거를 털어놓으며 용서를 구하고 아내의 공감이라도 받았다면 깊은 허무주의에서는 빠져나올 수 있지 않았을까요.

선생님의 삶 속 허무는 어쩌면 관계를 지나치게 단순화하고 그 속에서 나의 역할을 규정한 탓에 생겨났는지도 모릅니다. 우리가 삶 속에서 만나는 관계는 결코 단순하게 규정지을 수 없습니다. 그리고 그들 사이에서 겪는 감정도 때마다 모두 다릅니다. 자연이라는 존재를 마주할 때도 마찬가지입니다. 바다를 보고 그저 '바다네'라고만 생각한다면 그 순간의 특별함은 사라집니다. 얼마 전 유행했던 '복세편살(복잡한 세상 편하게 살자)'이라는 말처럼 복잡한 세상을 단순하게만 살고 싶어서 '세상은 다 그런 거지. 그게 그거야'라고 단정 짓는다면 누구나 허무주의에 빠지지 않을까요? '인생이 다 거기서 거기'라고만 생각하면 한순간도 충만할 수 없습니다.

　허무주의에서 비롯된 고독감이 극단적인 고립감으로까지 이어지지 않기 위해서는 자신을 지나치게 도덕적인 관념 속으로 몰아넣지 말아야 합니다. 세상에 모든 면에서 완벽한 사람이 얼마나 있을까요. 우리는 모두 백석의 시 「남신의주 유동 박시봉방」에 나오는 구절처럼 '내 슬픔이며 어리석음을 소처럼 계속 되새김질하며 사는', 저마다의 부끄러움을 느끼는 불완전한 존재일 뿐입니다. 그러니 우리 모두 스스로에게 좀 더 관대해질 필요가 있습니다. 아, 물론 우리와 다를 것 없는 주변 사람들에게도요.

4장

풀리지 않는 질문 앞에 섰을 때

인생은 두 갈래 길의 연속입니다.

우리는 하루에도 수천 번 선택의 기로에 놓이죠.

풀리지 않는 질문들은 매 순간 우리 앞을 가로막습니다.

그럴 때마다 문학은

어떤 선택지를 우리 앞에 놓아줄까요?

갈림길에 섰을 때
우리는 어디로 가야 할까

선택

여러분은 인생에서 가장 잘한 선택, 가장 후회하는 선택을 꼽으라면 무엇을 꼽으실 건가요? '이 선택은 정말 잘했다!' 싶은 것은 잘 떠오르지 않지만, '이 선택은 정말 최악이었어!' 싶은 것은 수없이 많이 떠오를 겁니다. 누구나 비슷하겠죠. 생각해 보면 우리는 "어쩔 수 없는 선택이었어"라는 말을 꽤 자주 합니다. 그리고 그때의 선택을 후회하죠. 하지만 자책할 필요는 없습니다. 대부분의 사람이 가보지 못한 길을 생각하며 살아갑니다. 모든 선택의 갈림길에서 최선의 길을 택하는 사람이 얼마나 있겠어요. 인생은 선택의 연속이기 때문에 우리는 무언가를 선택할 때마다 늘 망설이고, 또 선택한 후에는 계속 되돌아볼 수밖에 없습니다. 그러면서 아쉬워하거나 때론 절망하기도 하죠. 하지만 그때의 후회는 무용지물입니다. 이제는 그저 내가 선택한 길을 뚜벅뚜벅 걸어가야 합니다. 나의 선택을 믿고 최선을 다해 나아가는 힘, 그런 배짱이 필요한 순간입니다. 어쩔 수 없는 상황에 쫓겨 정해진 방향으로 걸어간다고 해도 그다음의 길을 만들어가고 의미를 부여하는 건 오로지 나의 몫이죠.

저는 선택의 순간보다 더 중요한 것은 그 이후의 마음가짐이라고 생각합니다. 아쉬움은 또 그것대로의 가치가 있음을 인정하고 내가 선택한 길을 묵묵히 가다 보면 새로운 가능성과 만날 수 있기 때문이죠. 이문세의 노래 「옛사랑」 중에 '그리운 것은 그리운 대로 내 맘에 둘 거야'라는 가사가 있습니다. 그리운 것은 잊고 외면하는 게 아니라, 그리운 대로 두고 나의 선택을 받아들여 보세요. 그걸 인정하는 순간, 우리는 나의 선택에 몰입할 힘을 갖게 됩니다.

이쯤에서 제 경험을 이야기해 볼까 합니다. 저는 단한 번도 강사가 되어야겠다는 생각을 해본 적이 없었습니다. 우연히 잠깐 아르바이트를 할 요량으로 시작한 일이었는데 당시 경제적인 문제와 여러 사정 때문에 어쩔 수 없이 강사 생활을 이어가게 되었죠. 강의를 하면서도 '내가 왜 여기에 있지? 빨리 여기서 벗어나야지' 하면서 선택할 수 없었던, 갈 수 없었던 다른 길만 생각했습니다. 그렇게 도망갈 생각에만 빠져 있으니 점점 더 무기력해지고 어떤 의욕도 생기지 않더군요. 그때 저는 대학원에서 공부를 하다가 중단한 상태였기 때문에 학업에 대한 미련이 굉장히 컸습니다. 하지만 그 당시의 저는 공부를 계속 이어나갈 수 없는 상황이었죠. 처음에는 그 사실을 받아들이지 못하니 괴롭고, 강의를 할 때도 몸에 맞지 않는 옷을 입고 있는 것처럼 어색했습니다. 이도 저도 아닌 상황에서 방황의 시간만 길어졌고 점점 더 무기력해져 갔습니다.

문득, 이대로는 또 다른 선택을 할 기회조차 잃어버리겠다는 위기감을 느꼈습니다. 더 이상은 이런 상황을 방관하고만 있을 수 없겠다고 자각하게 되었어요. 지금 내가 처한 현실을 직시하고 받아들이기로 결심했죠. 그래서 '지금 내가 할 수 없는 것은 일단 포기하자!' 그렇게 마음먹었어요. 결국 상황에 관한 객관적 인식이 저를 다시 일으켜 세웠고 지금 내가 할 수 있는 것에 집중하자고 마음먹었죠. 이제부터 강사로 살아보겠다는 결심을 했습니다. 내가 원했던 삶은 아니었지만 이 길이 지금 내가 가야 할 길이라고 인정하는 순간, 놀라운 몰입감이 생기면서 점점 두드러진 성과를 내게 되었습니다. 때때로 포기해야만 하는 것은 포기할 줄 아는 것, 그리고 다른 길이 없다면 지금의 선택에 몰입하는 것이 또다른 삶을 펼칠 계기가 된다는 것을 그때 깨달았습니다.

무언가를 선택한 후에는 결과를 걱정하며 망설이기보다는 뛰어들어서 몰입과 집중을 해야 성과가 납니다. 달리기를 할 때도 마찬가지죠. 계속 흘끔흘끔 뒤돌아보며 자기 위치를 확인하거나 시계를 쳐다본다고 해서 달라지는 건 아무것도 없습니다. 오히려 몰입을 방해해서 좋지 않은 결과만 낳을 뿐이죠. 인생을 살아가며 모든 걸 다 가지고, 모든 걸 다 뜻대로 할 수 있을 거라는 생각은 오만입니다. 선택의 결과도 예측하거나 장담할 수가 없죠. 그렇기 때문에 일단 선택한 후에는 자신을 온전히 내던지는 몰입 그리고 한눈팔지 않는 집중이 중요합니다. 이러한 몰입과 집중이 시간의 힘과 만나 쌓여야만 비로소 놀라운 성과를 낼 수 있는 것입니다.

* * *

선택의 갈림길을 이야기할 때 항상 떠오르는 소설 중 하나가 바로 이광수의 『무정』입니다. 이 소설은 최초의 근대 장편 소설이자 신문학 사상이 반영된 기념비적인 계몽 소설이죠. 문학사적으로도 큰 의미가 있는 소설이기 때문에 실제로 강의에서도 자주 다룹니다. 이 소설에는 조선 사회의 전형화된 모습에서 벗어나 개인의 내면적인 갈등을 솔직하게 드러내는 인물들이 등장합니다. 이전 문학작품의 주인공들이 유교적 이념과 권선징악의 공식을 따르는 전형화된 인물이었다면 『무정』의 주인공들은 그 운명

앞에서 고뇌하고 흔들리는 근대적 인간의 모습을 보여줍니다. 물론 주인공인 형식과 세 명의 여성 사이의 관계는 가르치는 자와 가르침을 받는 자라는 계몽적인 관계로 짜여진 것이 맞습니다. 그러나 이 소설을 수업 시간에 달달 암기하는 대로 '계몽주의 소설'이라는 틀 안에만 가둬놓을 수 없는 이유는 네 명의 인물 모두 능동적으로 자신의 사랑과 운명을 결정하는 법을 배워나가기 때문입니다.

동경 유학에서 돌아와 경성학교에서 영어를 가르치던 형식은 신여성 선형에게 영어 개인 지도를 해주면서 연정을 품습니다. 그런 형식 앞에 옛 은사의 딸이자 어린 시절에 정혼한 영채가 나타납니다. 영채는 감옥에 갇힌 아버지를 구하기 위해 기생이 되었지만 형식을 위해 절개를 지켜왔습니다. 형식은 두 여성 사이에서 방황하고, 그러던 중 영채가 겁탈당하는 사건이 일어납니다. 영채가 유서를 남기고 사라지자 형식은 선형과 결혼해 미국 유학을 떠나기로 합니다. 한편 영채는 자신을 구해준 신여성 병욱을 만나 새로운 삶을 찾습니다. 그리고 이들은 각자의 미래를 꿈꾸며 올라탄 기차 안에서 운명적으로 조우합니다.

제가 이 소설에서 찾은 재미는 인물들이 겪는 갈등에 있습니다. 우리는 누구나 형식이 겪는 고민에 빠지곤 합니다. 나에게 주어진 의무를 다할 것이냐, 아니면 열정을 좇을 것이냐의 문제죠. 형식이 유교적 윤리에 따라 의무적인 삶을 살아야 한다면 당연히 옛 약혼녀인 영채를 선택해야겠지만 그는 개인적 열정의 대상인 선형을 향한 욕망을 거스르기도 힘듭니다. 이렇듯 삼각관계라는 형식을 통해 내면의 갈등을 생생하게 형상화한다는 점에서 분명히 이 소설은 딱딱한 계몽주의 소설만이 아닌 흥미진진한 연애소설이기도 하죠.

형식보다 더 흥미로운 인물은 영채입니다. 영채는 독립운동가인 아버지와 오빠를 위해 기생이 된 신파적인 인물이자, 정조를 잃었다는 생각에 강에 뛰어들어 자살을 생각하는 봉건적 여성입니다. 세상은 영채에게 더없이 무정했습니다. 하지만 그녀는 숱한 갈등을 겪으며 결국 신여성으로 변화해 나갑니다. 이 과정에서 영채는 신여성인 병욱을 만나 새로운 인생을 선택하게 되죠. 병욱은 영채에게 '진정한 사랑이 아니므로 낡은 사상의 속박에서 벗어나 참

생활을 열라'고 설득합니다. 만일 영채가 병욱을 통해 깨달음을 얻지 않았다면 그녀의 삶은 이전과 달라지지 않았을 것입니다. 그리고 영채가 새로운 선택을 해낼 용기가 없었다고 해도 그녀는 다시 예전의 모습으로 돌아갔을 것입니다. 결국 인생의 방향을 선택할 때 필요한 것은 깨달음과 결단력인 것이죠. 결단할 용기가 없다면 어떤 깨달음도 쓸모가 없습니다. 또한 깨달음이 없어도 결단과 열정의 힘만으로는 끝까지 나아갈 수 없죠. 아무리 내면의 의지가 강하더라도 결정적인 순간, 이정표가 되어줄 지식과 지혜, 조력자가 없다면 그 결단은 무모하기 짝이 없으니까요.

영채가 새로운 시대에서 갈등하며 인생을 개척해 나가는 모습은 지금 우리의 모습과도 닮아 있습니다. 그저 운명을 받아들이고 체념한다면 갈등할 이유가 없겠지만 『무정』의 인물들은 여기저기 부딪히고 고민하고 좌절도 겪으면서 결국 스스로의 인생을 선택하고 성장합니다. 이들의 운명이자 우리의 앞날을 이 소설의 마지막 문구가 보여주는 게 아닐까요.

어둡던 세상이 평생 어두울 것이 아니요, 무정하던 세상이 평생 무정할 것이 아니다. 우리는 우리 힘으로 밝게 하고 유정하게 하고 즐겁게 하고 가멸게 하고 굳세게 할 것이로다.

* * *

그렇다면 선택의 갈림길에서 끊임없이 흔들리는 우리가 가장 어려워하는 주제는 무엇일까요? 아마도 현실과 이상의 간극이 아닐까 싶습니다. 대부분 사람들은 이상을 좇는 대신 현실에 안주하고 살아가죠. 물론 아주 가끔은 과감한 선택을 하는 이들도 있습니다.

어느 주말 아침 텔레비전을 틀었는데 마침 「유 퀴즈 온 더 블럭」을 방송 중이었습니다. 그때 제 눈을 사로잡은 출연자가 있었습니다. 천체사진가 권오철 작가였죠. 그는 명문대를 졸업하고 14년간 남들이 부러워하는 직장에 다니고 있었습니다. 매주 금요일 여섯 시에 시작하는 회의 내용을 정리하기 위해 주말에도 새벽 두세 시까지 일하던 그에게 어느 날 벼락 같은 깨달음의 순간이 찾아왔습니다. 휴가를 내고 오로라를 보러 간 여행에서 '하고 싶은 걸 하면서도 굶지 않는' 이들을 보면서 각성하게 된 것이죠. 휴가에서 돌아온 그는 드디어 모든 직장인의 목에 걸려 있던 그 말 "그만두겠습니다"를 내뱉고 맙니다. 이후 천체사진가로 변신한 그가 캐나다에서 촬영한 오로라 사진은 미국 항공우주국(NASA)이 선정한 '오늘의 천문학 사진'에 선정됩니다. '한국인 최초'라는 타이틀도 얻게 되죠.

물론 모두가 권오철 작가처럼 살 수는 없다는 것을 압니다. 다만 현실이 자꾸 내게 상처를 주고 있다면 우리도 내 안의 작은 불빛들을 조금씩 키워나가 보는 건 어떨까요? 권오철 작가의 오로라 정도는 아니어도 상관없습니다. 수많은 작은 불빛들이 우리를 현실 속에 발 딛게 하고 지탱해 주면서 또 살아갈 힘을 주니까요. 그 안에서 내 안의 작은 불빛을 가꿔나가는 과정도 경이로운 경험이 될 것입니다.

문학은 마치 우주와 같습니다. 그 안에는 수많은 별이 저마다의 빛을 내며 반짝이고 있고 그중에는 이미 죽어버린 별도, 터져버린 별도 있습니다. 우주가 설명할 수 없는 수많은 빛으로 이루어져 있듯이, 문학은 한 번도 생각하지 못하고 한 번도 만나지 못하고 한 번도 이해하지 못한 다양한 인간의 모습을 담아내고 있습니다. 문학의 그런 점을 통해서 우리는 삶에 대한 이해의 폭을 넓혀왔고, 그것이 바로 문학의 힘입니다.

우리의 삶도 하나의 별이 이끄는 것이 아니라는 사실을 말해주고 싶습니다. 수많은 별자리 속에서 때로는 방향을 잃고 헤매는 그 과정 자체가 바로 인생입니다. 후회 없는 완벽한 결단을 내리는 존재는 인간이 아니라 신이거나 만들어진 영웅이겠죠. 그렇기 때문에 나의 선택뿐 아니라 타인의 선택에 대해서도 너무 손쉽게 재단하고 비난하는 자세는 지양해야 합니다. 요즘 사람들은 옳은 선택을 해야 한다는 강박관념에 사로잡혀 있는 것 같습니다. 하지만 우리는 모든 결과치를 예상하고 답을 제시하는 AI가 아니잖아요. 내 선택에 대해 슬퍼하기도 하고 기뻐하기도 하면서 나와 타인의 삶에 대한 이해의 폭도 넓혀가는 삶이 진짜 살아볼 만한 멋진 인생인 것입니다. 로버트 프로스트의 시

「가지 않은 길」속 화자처럼 두 갈래 길을 앞에 두고 갈등하는 인간은 우리 모두의 자화상입니다.

「가지 않은 길」은 프로스트가 변변한 직업도 없고 문단에서도 인정받지 못하던 이십 대 중반에 쓴 시입니다. 게다가 질병에 시달리기까지 했으니 얼마나 실의에 빠져 있었을지 짐작이 가고도 남습니다. 이 시에 등장하는 두 갈래 길은 실제 그의 집 앞에 있는 숲으로 이어지는 길입니다. 이 길과 자신의 삶을 되돌아보며 지은 시의 마지막은 이렇게 마무리됩니다.

아주 먼 훗날

나는 한숨을 내쉬며 말하겠지요.

숲에 두 갈래 길이 있었으나

나는 사람이 덜 다니는 길을 택했고,

그 선택은 모든 것을 바꿔놓았다고.

이 시에는 내 앞에 놓인 두 갈래 길을 다 가볼 수 없고, 한 번의 선택은 시간을 거스를 수 없듯 되돌릴 수 없는 인간의 숙명이 고스란히 담겨 있습니다. 가지 않은 길, 가지 못한 길, 길이 없는 길…. 우리 앞에 놓인 길은 가보지 않고서는 그 끝을 알 수 없습니다.

아, 나는 다음을 위해 다른 한 길은 남겨두었습니다.
길은 곧 다른 길로 이어지기에
다시 돌아오지 못할 거라 생각하면서.

프로스트의 읊조림은 바로 우리의 이야기입니다. 물론 무엇도 선택하지 않아도 되는 삶은 불안하거나 외롭지 않을 것입니다. 아무것도 선택하지 않아도 된다면 삶이 얼마나 평온하겠어요. 하지만 우리는 날마다 두 갈래 길 위에 서곤 합니다. 그때 중요한 것은 최선의 선택이 아니더라도 자책하지 않고 그 길을 묵묵히 걸어가며 자신의 의미를 찾아가는 과정 그 자체라고 생각합니다. 그렇게 괴롭고 외로운 시간들 속에서도 우리가 다시 살아갈 수 있는 것은 소소하지만 희망을 발견할 수 있기 때문입니다. 그 희망을 어쩌면 후회 속에서도 찾을 수 있지 않을까요.

얼마 전《조선비즈》의 김지수 기자가 다니엘 핑크를 인터뷰한 글을 읽었습니다. 미래학자는 '후회'에 대해 어떤 정의를 내릴지 궁금해서였습니다. 그는 후회를 '삶을 바로잡고 싶어 하는 건강하고 본질적인 충동이자, 나 자신의 진실에 관해 묻는 출발점'이라고 하더군요. 최선의 선택을 하지 못해 자신을 책망하는 이들에게 이보다 더 큰 위로의 말이 있을까요.

다니엘 핑크의 말처럼 '후회하지 않는다는 말은 인생을 망치는 헛소리!'일지도 모릅니다. 그러니 가끔은 나의 지난 선택을 뼈저리게 후회하면서 스스로와 진솔한 대화를 나눠보는 것도 괜찮은 일일 것 같습니다. 그때의 깨달음이 언젠가 인생을 송두리째 뒤흔들 선택의 시작이 될지 누가 알겠어요. 우리가 만난 『무정』의 영채처럼 말이에요.

어떤 마을을
만들어야 하는지에 관하여

사회의 이면

"500년쯤 뒤 지금 우리가 사는 이 시대는 역사 속에서 어떻게 기록될까요?"

제가 고전 문학 강의 도중에 학생들에게 던진 질문입니다. 물론 이 질문에 대해 정치적인 해석을 하려는 것은 아닙니다. 다만 개인적으로는 이 시대가 이 한 문장으로 기술될 수 있다고 생각합니다. '우리는 민주주의라는 아주 특별한 시대를 살았다.'

제가 이런 이야기를 하면 학생들은 의아해합니다. 민

주주의는 당연한 권리인데 뭐가 특별하다는 건지 모르겠다는 표정을 짓습니다. 훗날 다른 사회체제가 생길 거라는 가정조차 해본 적이 없기 때문이죠. 그런데 생각해 보면 인류 역사상 신분상의 계급과 왕정체제가 사라지고 모든 인간은 평등하다는 사상이 상식이 된 지는 그리 오래되지 않았습니다. 전체 인류사를 놓고 봤을 때 지금의 보편화된 민주주의는 인간의 삶에 비유하자면 신생아에 불과하다는 의미입니다. 피의 역사이기도 한 민주주의는 아직 보완하고 수정해야 할 부분이 많은 위태로운 체제이며, 우리는 지금 그런 시대를 살아가고 있습니다. 민주주의는 결코 보편적이고 영원한 체제가 아닙니다. 특히 민주주의 체제에서는 자유, 권리와 함께 책임이 따라야 하기에 인생을 주체적으로 살지 못하거나 자신감이 부족한 사람들에게 오늘날의 사회는 더 불안하고 위태로운 상태로 받아들여지기도 하죠. 무엇을 주체적으로 선택해야 하는지도 모르고, 선택에 대한 책임을 지는 데도 두려움을 느끼니까요.

우리가 만약 300년 혹은 500년 전에 태어났다면 어땠을까요? 재미있는 상상이지만 그때는 태어날 때부터 신분이 정해져 있었기 때문에 머슴이나 노비였을 수도, 양반이나 선비였을 수도 있겠습니다. 이렇게 생각해 보니 자유와 평등을 추구하는 이 시대에 태어나길 참 잘했다는 생각이 듭니다. 물론 앞에서 말했듯이 마냥 안심하기에 오늘날 민주주의의 근간은 여전히 불완전하고 취약합니다. 그래서 우리는 때때로 그 불안감을 해소하기 위해 나보다 강자인 사람에게 의존하고 그를 우상화하기도 하죠. 그래서 민주주의와 독재는 멀리 떨어져 있으면서도 완전히 분리된 것은 아닙니다. 언제든지 뒤바뀔 수 있고 민주주의를 가장한 독재도 가능한 것이죠. 우리가 정치나 사회 전반에 경각심을 갖고 주변을 살펴야 하는 이유입니다. 민주주의는 개인이 주체성을 버리고 강자에게 의존해 나의 존엄성과 권리를 그들에게 맡기는 순간 균열이 생기며 도태되고 맙니다. 그래서 민주주의 사회에서 태어난 것에 감사하면서도 그 이면에 숨은 본질적인 불안을 이해하지 못한다면 개인과 사회 모두가 위태로워질 수 있습니다.

그렇다면 우리가 파시즘이나 독재의 유혹에 빠지지 않으려면 어떻게 해야 할까요? 자신의 정치적 옳음을 당위성으로 삼는다고 해도 그 옳음이 절대적인 선이 될 수는 없다는 사실을 깨달아야 합니다. 특히 상대방을 '악'이라고 규정하고 자신을 '선'이라고 합리화하는 순간, 거기서부터 파시즘은 시작될 수 있습니다. '선'을 실현하기 위해서는 수단과 방법을 가리지 않고, '악'을 처단해야 한다는 신념과 함께 이를 정당화하는 논리도 뒤따르게 되니까요. 인간은 불안한 존재이며 누구도 완벽하지 않기에 나의 생각이나 투철한 신념이 언제나 옳은 것은 아니라는 사실을 항상 떠올려야 합니다.

결과적으로 파시즘이나 독재는 우리의 불안감을 우상화한 특정 대상에게 위탁하는 순간 시작됩니다. 그 시작은 대중의 의사를 반영한 것이 아닐지라도, 그것의 지속은 우상화된 대상에 빠져든 대중들의 동의로 가능합니다. 놀랍지만 사실은 자발적인 측면이 있는 것이죠. 신분제에서 벗어난 이후 우리가 부여받은 자유 때문에 우리는 매번 선택적 상황 앞에 놓이고, 이것은 때때로 우리를 불안하게도, 극단적인 소외감으로도 몰아넣기도 했습니다. 그래서 이러한 절대적 고독과 선택의 번민에서 나를 구원해

줄 현대적 영웅을 원하기도 한 것이죠. 그런데 그에게 내 삶의 선택권을 맡기게 되면 다시 우리의 자유는 제약당하게 되는 것이죠. 역설적이게도 자유로 인한 불안감 때문에 우리는 인간의 보편적 권리를 제약당하고 민주주의의 근간은 흔들리게 됩니다. 이것이 우리가 항상 자유의 역설에 관심을 가지고 민주주의가 지닌 토대를 공고히 하기 위한 노력을 멈춰서는 안 되는 이유이기도 합니다.

＊ ＊ ＊

이청준의 소설『당신들의 천국』은 개인의 영웅주의가 우상화로 이어지면서 탄생한 권력자와 민중의 갈등을 다루고 있는 대표적인 소설입니다. 권력과 자유, 개인과 집단의 갈등을 바탕으로 지배자와 피지배자의 구조를 그려낸 소설이죠.

『당신들의 천국』은 소록도 나환자 병원에 조백헌 대령이 새로운 병원장으로 부임해 오면서 시작됩니다. 정의로운 인간형인 조 원장은 주민들에게 소록도를 나환자들의 천국으로 만들겠다고 약속하죠. 하지만 주민들은 그의 말을 신뢰하지 않습니다. 일제 강점기 때 이전 원장이 소록도를 '자신만의 천국'으로 만들어간 것을 기억하고 있기 때문입니다. 그때의 배신과 위선의 역사는 소록도 주민들에게 크나큰 고통으로 남았습니다. 조 원장은 주민들의 마음을 열기 위해 나환자 축구팀을 만들고 간척사업도 제안합니다. 주민 소유의 농지를 만들어 육지와 섬을 잇겠다는 계획이었습니다. 주민들은 그에게 '자신만의 동상'을 만들지 않겠다는 서약을 받아내고 대공사를 시작합니다. 하지만 주민들 간의 갈등과 자연재해, 상부의 압력 등으로 위기를 맞죠. 그보다 더 큰 문제는 주민들의 기억에 남아 있는 배신에 대한 두려움이었습니다. 결국 조 원장은 꿈을 이루지 못하고 섬을 떠나게 됩니다. 그렇게 7년의 세월이 흐른 후, 그는 소록도에서 열린 결혼식에 주례를 해주기 위해 돌아옵니다. 섬의 평범한 주민이 된 것이죠.

이 소설은 '우상'에 관한 이야기입니다. 사람들은 '현실은 불안하지만 미래에는 유토피아가 펼쳐질 거야. 내가 그 세상을 만들어줄게!'라며 이상향을 펼치는 우상에게 자신의 욕망을 투영하면서 자유의지까지 포기합니다. 이것은 들끓는 용광로에 내 모든 것을 던져 넣는 것과 다를 바가 없습니다. 하지만 소록도 주민들만의 유토피아는 타인이 그려낸 이상향과는 달랐습니다.

영웅이 왜 실패를 하느냐, 영웅이 섬을 다스리는 데 섬은 왜 더욱 불행해져가야만 했느냐, 이 섬에 진실로 영웅이 필요했느냐, 이 섬사람들의 행복은 과연 어디에서 찾아져야 하느냐….

조 원장의 '소록도 천국 만들기'는 섬사람들에게 자유를 갖게 해주는 것이었지만, 그들의 선택이 배제된 자유는 진정한 자유가 되지 못했습니다. 이렇게 자신에게 주어진 소명을 절대시해서 타인에게 강제하는 것은 또 하나의 지옥을 탄생시킬 뿐입니다. 소록도 주민들의 자립과 그들을 위한 행복한 세상 만들기는 결국 그들을 통해 자신의 '동상 세우기'를 한 것에 불과했습니다.

민주주의 사회에서 정치와 제도가 존재하는 이유는

구성원들의 욕망이 충돌하는 지점에서 사회적 합의를 이끌어내기 위함이 아닐까요. 사회 구성원들의 욕망이 어디로 흐르는지 읽으려 하지 않고 자신만의 방식으로 통제하는 것은 올바른 정치가 아닙니다. '지금 내가 품고 있는 욕망은 옳지 않아. 대신 내가 새로운 욕망을 품게 해줄게. 그리고 내가 다 이루어줄게'라고 강조하는 것은 아무리 이상적인 행동이라고 해도 폭압적인 정치에 불과합니다.

비단 정치인뿐 아니라 우리는 누구나 타인에게 자신의 욕망을 강요하곤 합니다. 타인의 삶을 부정하면서 옳지 않다는 가치판단을 내리기도 하지요. 과연 부모라는 이유로, 어른이라는 이유로, 더 많이 배웠고 더 오래 일했다는 이유로 누군가에게 삶의 방식을 강요해도 되는 걸까요?

＊＊＊

"요즘 애들이란⋯."

어른들이 자주 하는 말입니다. 재미있게도 이 말은 기원전 1700년경 수메르 점토판에도, 그리스 고전 『일리아

드』, 소크라테스의 말에도 등장합니다. 시대를 불문하고 기성세대에게 요즘 세대는 버릇없고, 꿈도 없으며, 나약한 존재인가 봅니다. 그렇다면 눈부신 민주화와 산업화를 이루었던 기성세대와 달리 시대적 소명의식도 없고 공동체를 위한 헌신의 정도도 약하며 오로지 개인의 자유와 행복만을 추구한다고 평가받는 요즘 젊은이들은 정말 문제가 많은 걸까요? 저는 그렇게 생각하지 않습니다. 청년 세대의 특성은 결국 시대가 결정한다고 생각하거든요.

저는 학생들에게 늘 이렇게 말합니다. "여러분들이 식민지 시대에 살았다면 독립운동을 했을 것이고, 독재 정권에서 청춘을 보냈다면 그들에 맞서 싸우며 '타는 목마름'으로 민주주의 만세를 외쳤을 겁니다." 하지만 오늘날의 젊은이들은 이미 민주주의가 실현되어 제도화된 시대에서 태어났습니다. 지금 젊은이들이 태어난 시대는 이미 개인의 자유를 보장하는 시대인 것이죠. 이런 시대에서 오늘날의 청년들이 시대의 부름에 답하는 방식은 '매 순간 자신의 앞날에 대한 책임감 있는 선택을 하면서 자신의 인생을 묵묵히 살아가는 것' 아닐까요. 그들은 경제 성장기의 세대가 아닙니다. 불황 속에서도 자신의 생계를 책임지기 위해 몇 년을 투자해 그 좁은 취업문을 뚫고, 아르바이트를 하며 종잣돈을 만들어 골목 창업을 하고… 다양한 방식으로 묵묵히 삶을 살아내고 있습니다. 그들의 삶도 기성세대와는 다른 이유로, 그러나 비슷한 강도로 힘들 것입니다. 차라리 열정을 불태울 공동의 목표나 대상이 있으면 좋겠지만, 지금 세대에게는 그런 것조차 없습니다. 모든 것이 자율적으로 결정되고 개인의 선택에 따라 이루어지고 있는 사회에서 책임감의 크기는 훨씬 커졌을 것입니다. 아무도 나를 돌봐주지 않으면서 잘 살기만을 바라는 시대에서 그들은 자유롭지만 고독한 세대입니다.

> 떨리는 손 떨리는 가슴
>
> 떨리는 치떨리는 노여움으로 나무판자에
>
> 백묵으로 서툰 솜씨로
>
> 쓴다.
>
> 숨죽여 흐느끼며
>
> 네 이름을 남 몰래 쓴다.

타는 목마름으로

타는 목마름으로

민주주의여 만세

　김지하 시인의 시 「타는 목마름으로」입니다. 이 시는 군사 독재 정권의 통치에 맞서 민주주의에 대한 뜨거운 열망을 노래하는 시로 잘 알려져 있죠. 그 시대 젊은이들의 뜨거운 심장을 관통했던 대표작입니다. 그렇다면 오늘날의 젊은이들이 '타는 목마름'으로 간절히 원하는 것은 무엇일까요? 앞서 언급했듯이 바로 자신의 인생 그 자체입니다. 그들은 불안한 삶 속에서 스스로 자신의 길을 찾아 헤매야 합니다. 그리고 그때 나의 주체적 권리를 침해하는 모든 것들과 싸워야겠죠. 거대한 정치적 목표가 아니라 개인적 행복을 추구하기 위한 것이라도 말이에요. 그들의 그런 과정이 결국에는 사회 전체를 움직일 것입니다. 가령 환경문제와 교육문제도 마찬가지죠.

　오늘날은 다양화의 시대입니다. 그만큼 우리가 관심 가져야 할 사회의 이면도 다양해졌죠. 이전에는 독재에 맞서 민주주의를 수호하기 위해 싸우고 국가 경제 발전에 헌신하기 위해 개인의 삶을 쏟아부었다면 이제는 각각의 개인적 행복권을 추구하기 위해 만인과의 투쟁을 하고 있는 거라고 생각하면 쉽습니다. 그리고 이 세대 안에서 또다른 공동체적 이상과 발전을 이루기 위해서는 또다른 성숙함이 요구됩니다. 자신의 의견을 주장할 수는 있지만 그것이 완전한 선(善)이라고 단정 지어서는 안 된다는 의미입니다. 그것이 민주주의이고 그 바탕에는 민주주의를 구성하는 모든 사람이 불완전한 존재라는 전제가 깔려 있습니다. 그렇게 출렁이면서 민주주의가 목적지를 향해 간다고 생각해요.

그리고 이 과정에서 우리는 문학이 주는 울림에 귀를 기울일 필요가 있습니다. 문학은 정해진 답을 알려주고 삶의 방향을 이끄는 대신 '인생은 불완전한 사람들이 불완전한 방식으로 정처 없이 헤매면서 만들어가는 과정'이라는 단순한 진리를 깨닫게 해줍니다. 까마득한 과거에 태어난 사람도, 어느 미래에 태어날 사람도 지금의 우리처럼 방황하고 좌절하면서 그 시대에 맞는 자신만의 인생을 위해 최선을 다할 것입니다. 어느 시대든 인간은 모두 불안해하면서 자신의 인생을 지켜내고 시대와 싸우면서 살아왔다는 깨달음을 주는 게 바로 문학입니다. 불완전한 존재로서의 나를 받아들이고 기꺼이 껴안고 나아갈 수 있게 해주는 힘이죠.

자, 이제 다시 처음으로 돌아가서 『당신들의 천국』이야기를 마무리해 볼까 합니다. 김태환 문학평론가는 이 소설에 관해 "이청준은 세계에서 내버려진 자들마저 이 세계 안의 질서 속에 통합시키려는 조백헌의 시도를 회의적으로 바라보면서 또한 그러한 비판을 하는 자기 자신의 입장에 대해서도 다시 회의한다"라고 말했습니다. 그렇다면 이 소설이 말하고자 하는 바는 결국 '진정한 천국이란 존재할까'에 대한 의문이 아니었을까요. 저도 어떤 개인의 힘만으로 천국 같은 사회를 만드는 것은 불가능하다고 생각합니다. 하나의 기준으로 모두를 재단하는 사회는 더더욱 천국일 수 없죠. 그러나 사회는 언제나 불완전하고 우리는 언제나 방황할 수밖에 없다는 '어쩔 수 없음의 진리'를 모두가 받아들일 수만 있다면 다를 것입니다. 자신의 운명을 받아들이고 사랑하라는 니체의 말 '아모르파티'처럼 어쩌면 그것이 공동체의 운명일지도 모르겠습니다. 오늘도 우리는 흔들리지만 결국에는 조금씩 나아갈 것이라는 소망을 품고 내일을 꿈꿔봅니다.

누구나
생각할 수 있는 사회

사유

　　요즘은 책과 영화도 누군가가 요약해 주는 콘텐츠로 즐기는 사람들이 많습니다. 두 시간짜리 영화한 편을 20분으로 요약해 주는 유튜브, 300페이지짜리 책 한 권을 단 10분 만에 읽어주는 유튜브가 인기죠. 저도 몇 번 본 적이 있는데 몰입감이 굉장해서 한번 시작하면 중간에 끊기가 정말 어렵더라고요. 이렇게 중요한 내용만 요약정리 해주는 짧은 콘텐츠가 넘쳐나다 보니 사람들은 읽기를 멈추고 미디어 기기를 멀티태스킹하면서 단편적인 쾌감에만 빠지게 됩니다. 물론 정보를 효율적으로 제공해 주고 다양한 정보를 많은 사람에게 공유한다는 점에서 유튜브 같은 매체가 지닌 장점은 분명합니다. 그래서 저는 이런 변화가 무조건 나쁘다고 생각하지는 않아요.

하지만 이런 콘텐츠에 중독될수록 생각할 기회를 빼앗긴다는 건 어쩔 수 없는 사실 같습니다. 최근 『도둑맞은 집중력』, 『도파민네이션』 같은 책들이 꾸준히 베스트셀러 순위에 오르며 관심을 받고 있는 것과도 일맥상통합니다. 영상 매체는 정보량이 많고 속도가 빠르기 때문에 그걸 보는 동시에 생각을 하기는 힘들죠. 도파민이 마구 샘솟는 동안 깊이 있는 사고를 한다는 것은 거의 불가능에 가깝습니다. 특히 나의 지식과 연결해 정보를 재해석하는 창조적 사색은 우리 삶에서 점점 멀어져 가고 있습니다. 영상 매체마저도 처음부터 끝까지 보지 못하거나, 몇 배속으로 빠르게 설정해서 보거나, 심지어 누군가가 정리해 놓은 댓글만 읽는 경우도 많습니다. 그래서일까요, 누군가가 말하고 있을 때 "그래서 결론이 뭐죠?"라고 불쑥 물어오는 이들을 자주 만나고는 합니다.

이쯤 되면 제가 무슨 이야기를 할지 눈치채신 분들도 계시겠죠? 사색하는 법을 잊어가는 우리에게 생각할 수 있는 기회를 주는 시간이 바로 책을 읽을 때입니다. 행간의 의미를 읽으려고 애쓰다 보면 비판적 성찰까지도 가능하죠. 무엇보다 책 읽기는 상상력을 동원해야 하기 때문에 지식 습득의 차원을 뛰어넘는 창조적 활동이 가능합니다. 그렇다면 이 세상에서 책이 사라진다면 어떨까요.

＊

이런 기발한 상상력으로 쓰인 소설이 있습니다. 소설 속에서 도시는 온통 말초적이고 단순한 정보만 시끄럽게 떠들어대는 텔레비전과 라디오 소리로 가득합니다. 사람들은 무의미한 광고의 홍수 속에서 매일같이 벽면을 가득 메운 커다란 텔레비전을 봅니다. 생각은 멈췄고 미디어가 주는 재미와 쾌락에 빠져 허우적대며, 심지어 텔레비전 속 등장인물을 실제 가족과 동등하게 인식하기도 하죠.

이 끔찍한 설정은 소설 『화씨 451』 속 책이 사라진 세상의 모습입니다. 그런데 어딘가 지금 우리의 모습과도 많이 닮아 있지 않나요? 책이 사라진 도시에 사는 사람들은 책을 읽지 않는 시대를 살아가는 우리와 별반 다르지 않습니다. 사람들은 더 이상 생각하지 않고, 타인에 대한 관심과 세상에 대한 호기심도 많이 줄었습니다. 물론 소설 속 시대는 더 극단적입니다. 통제된 시스템 아래서 똑같은 생각을 해야 하기 때문에 자유의지로 사고하고 행동하는 건 죄악시되고 있습니다. 당연히 사회와 권력에 대한 담론과 토론도 사라져서 세상은 침묵 그 자체죠.

『화씨 451』은 책을 읽는 행위가 범죄로 규정되는 미래 세계 이야기를 담고 있습니다. 작가 레이 브래드버리는 1953년 당시 텔레비전과 라디오 같은 뉴미디어의 대량 보급으로 읽고 생각하는 능력을 상실해 가는 사람들을 보면서 이 소설을 구상했다고 합니다.

소설의 주인공 몬태그는 '소방수(fireman)'입니다. 그런데 그는 불을 끄는 사람이 아니라 '방화수'이며, 그가 불태우는 것은 책입니다. 때로는 책의 주인까지 함께 불태우는데 미래 사회에서는 책을 쓰거나 읽거나 소장하는 자체가 중대 범죄이기 때문입니다. 그러던 어느 날, 몬태그는 클라리세라는 한 소녀를 알게 됩니다. 그리고 텔레비전에 빠져 있는 사람들과는 달리 주변의 사물에 관심을 보이는 특별한 감성을 가진 이 소녀와의 대화로 삶의 가치관이 180도 바뀌는 경험을 하죠. 이후 몬태그는 소녀를 통해 비밀 책 모임에도 가담하면서 급기야 방화서장을 죽이고 맙니다. 아이러니하게도 방화수가 저항 세력의 주동자가 된 것입니다.

레이 브래드버리는 이 소설에서 인간이 생각하기를 멈추는 순간 지구의 멸망이 온다는 묵직한 메시지를 전하고 있습니다.

책들은 있는 그대로의 삶의 모습을, 숨구멍을 통해서 생생하게 보여지는 삶의 이야기들을 전해 준다오. 그런데 골치 아픈 걸 싫어하는 사람들은 그저 달덩이처럼 둥글고 반반하기만 한 밀랍 얼굴을 바라는 거야. 숨구멍도 없고, 잔털도 없고, 표정도 없지.

우리는 책에 뚫린 숨구멍으로 삶의 다양한 모습을 읽고 새로운 가치관을 정립해 나갑니다. 책이 사유의 촉매제 역할을 하는 것이죠. 하지만 달덩이처럼 둥글고 반반하기만 한 밀랍 인형은 소위 말하는 아주 얕은 정보를 대량으로 쏟아붓는 매체들을 의미합니다. 저는 책의 숨구멍들이 우리를 생각하게 하고 때로는 멈춰 서게 한다고 생각합니다. 결국 모든 사유는 책과 책의 연쇄작용에 의해 이루어집니다. 이것이 문학과 책의 쓸모이기도 하죠. 이 책에서 알게 된 정보를 다른 책 속 지식에 적용해 발전시키거나, 문학 작품 속 시대와 인물들의 삶에 몰입해 무한한 상상의 나래를 펼칠 수도 있습니다.

물론 이미 가속이 붙은 세상의 속도를 억지로 늦출 수는 없습니다. 특히 하루가 멀다 하고 달라지는 매체 환경의 변화를 피할 수는 없으며, 정보 인식의 방식을 바꾸는 건 시대에 역행하는 일이니까요. 이러한 변화는 인정하되, 그럼에도 불구하고 우리가 인생의 가치를 찾아내고 매 순간 인간다운 판단을 하려면 스스로 사유해야 합니다. 그러기 위해서는 사색의 시간을 가져야 하고 비판적인 통찰력

을 키우기 위해 문해력도 키워야 합니다.

***

놀랍게도 『화씨 451』뿐 아니라 많은 소설이 책과 문자를 '불경한 존재'라는 메타포로 사용하고 있습니다. 그 소설 속에서 책은 인간을 성찰하게 하고 또 인생의 진리를 보여주는 매개체로 등장합니다. 그래서 책을 읽지 못하게 하거나 아예 불태워 없애 버림으로써 사유를 금지하는 것이죠. 이렇게 극단적인 설정들이 알려주는 건 인간이 독서를 통해 비로소 세상의 진실에 눈뜨고 진정한 성장을 이어갈 수 있는 존재라는 것입니다.

그런데 오늘날의 사회는 지속적으로 사유를 방해하면서 속도, 성과, 효율만을 강조하고 있습니다. 인간의 모든 활동이 이 잣대로 평가받다 보니 여기에 부합하지 않는 수많은 가치가 하나씩 떨궈져 나가면서 결국은 결과에 집착하며 살아가게 된 것이죠. 그 과정에서 우리는 책을 읽는 데 써야만 하는 절대적 시간을 버거워하기 시작했습니다.

상황, 원인, 결과의 순차적인 서사 구조와 주어, 목적어, 서술어 순으로 전개되는 문장 구조의 연쇄성에 도저히 몰입하기 힘든 상황이 된 것입니다. 음악도 독서와 마찬가지입니다. 내가 아무리 빨리 듣고 싶다고 해도 교향곡의 앞부분과 뒷부분을 동시에 들을 수는 없잖아요. 음악의 가장 중요한 속성인 시간성은 독서 행위에도 그대로 적용됩니다. 음악을 들을 때 하나의 음을 순차적으로 들으면서 총체적으로 화음을 느끼듯이, 문학 작품도 언어적인 시간의 연쇄작용으로 이루어지기 때문에 절대적인 시간의 양이 필요합니다. 그래서 독서를 하는 동안의 시간 흐름은 우리의 사고를 지연시키고 잠깐이나마 사색을 하며 내 삶과 주위를 돌아보는 성찰을 가능하게 만듭니다. 그렇게 우리는 내일의 삶을 기약하게 되죠.

이렇게 생각해 보니 독서와 음악은 정말 비슷한 속성을 지니고 있습니다. 그래서 저는 독서만큼이나 음악을 들으며 사색하는 걸 즐깁니다. 언어적 의미가 부여되지 않는 클래식 같은 음악을 들으면 팽팽한 긴장이 풀어지고 편안하게 이완되는 기분이 듭니다. 음악을 들으면서는 내 마음대로 속도를 조절하거나 시간의 흐름을 바꿀 수 없으니까요. 그저 흘러나오는 음악의 선율에 따라 생각에 잠기는 것 자체가 굉장히 큰 쉼이 됩니다.

책을 읽는 것도 사색에 큰 도움이 됩니다. 영상 텍스트는 빨리 감기나 건너뛰기가 가능하지만 책 속 텍스트는 글자 하나하나를 시각적으로 인지해야 하는 과정이기 때문입니다. 책을 읽을 때는 일정한 시간을 들여 문자를 다 읽고 나면 그 감상이 종합적이고 동시적으로 다가오잖아요. 그런 경험이 오늘날 영상세대들에게는 굉장히 신선하게 느껴질 수 있습니다. 독서를 좋아하는 사람들은 그런 경험이 많기 때문에 시간의 흐름에 따라 천천히 글을 읽으며 마지막으로 향해 갈 때쯤 어떤 깨달음과 감동을 총체적으로 느낍니다. 깊이 있는 사유를 통한 울림을 자주 느껴본 것이죠.

오늘날 우리는 운 좋게도 누구나 사색하고 싶다면 자유롭게 사색할 수 있습니다. 그러나 불행히도 우리는 사색을 거부하고 있죠. 질문하고 사색할 수 있는 권리가 보편화된 지 얼마 안 되었는데도 말입니다. 불과 몇백 년 전만 해도 나의 존재를 변화시키기 위한 질문을 하면 죽임을 당하기도 했으니까요. 철저한 계급사회에서 하층민은 마음껏 질문하고 생각할 자유가 없었습니다. 인간에 대한 존중이 전제된 사회에서나 나와 세계에 관한 질문이 만인에게 허용되었습니다. 누구나 사색할 수 있는 사회는 근대 이후에야 가능했다고 볼 수 있습니다. 그런데 우리는 현 시대에 매몰되어 있기 때문에 이 중요한 진실을 자주 잊곤 합니다. 질문하고 사색할 권리가 항상 당연하다고 생각하죠. 그러나 인류 역사상 이렇게 모든 인간이 공평하게 자기 존재에 대해서 탐구할 수 있는 권리를 지닌 시대도 드뭅니다. 이런 시대가 언제까지 이어질 수 있을지도 알 수 없죠. 그러니 이 소중한 시간을 그냥 흘려보내지 말아야 합니다. 자주 사색하고 질문해야 합니다.

* * *

책을 읽는 것 외에 사색하는 시간을 확보하는 제일 좋

은 방법은 신체의 속도를 늦추는 활동을 하는 것입니다. 격렬한 운동을 하면서 사색할 수는 없잖아요. 몸과 마음의 연관성을 고려한다면 걷기는 인간의 사유와 깊은 연관이 있습니다. 우리는 걸으면서 깊이 사색할 여유를 갖고 어느새 자신의 내면으로 향하는 길을 찾아가게 됩니다. 루소, 홉스, 니체, 칸트 등 위대한 철학자들이 모두 걷기를 즐겼다는 것도 이러한 사실을 잘 보여줍니다.

루소는 '걷기를 멈추면 생각도 멈춘다'라며 걷기를 예찬했고, 칸트는 30여 년 동안 거의 매일 저녁 식사 후 산책을 했다고 합니다. 건강을 위해 시작한 산책은 어느새 칸트에게 온전한 사유와 연구의 시간이 되어주었습니다. 니체도 혼자만의 산책을 통해 실존의 이치를 깨달았다고 합니다. 『차라투스트라는 이렇게 말했다』에서 '심오한 영감과 위대한 생각은 모두 길 위에서 떠올렸다'라고 말했을 정도니까요.

바쁜 일상을 살면서 생각할 시간을 갖기 위한 또 하나의 방법은 평소에 접하는 이런저런 일들에 여러 가지 질문을 해보는 것입니다. 그 질문에 대한 답을 모두 얻을 수는 없겠지만 질문의 답을 찾기 위해 끊임없이 생각해 보는 것만으로도 의미가 있습니다. 저는 최근 지인의 장례식장에 다녀와서 죽음의 권리에 대해 생각하게 되었습니다. 과연 인간이 스스로 죽음을 선택할 권리를 가질 수 있는지에 대해 고민하다 보니, 인간의 존엄성과 자발적 안락사의 관계에 대해서도 진지하게 사유할 기회를 가질 수 있었습니다.

인터넷 댓글 창을 보면서는 집단적 분노에 대해 생각해 봅니다. 일례로 사람들은 연예인과 유명인의 개인적인 사건에 지나치게 감정이입을 해서 분노를 쏟아냅니다. 그리고 가끔은 섣부른 집단적 분노가 비극적 사건을 일으키기도 하지요. 왜 이런 일이 벌어지는 걸까요? 우리에게 타인의 삶을 재단하고 평가할 권리가 있는지, 그들의 삶에 대해 어디까지 알 권리를 주장할 수 있는지도 생각해 볼 문제입니다. 또 공인의 의미는 무엇인지, 사생활은 어디까지 존중받아야 하는지도요. 이렇게 생각이 꼬리에 꼬리를 물고 이어지면 사고의 범위가 넓어지고 특정 이슈에 관한 저만의 관점이 정립되어 가는 즐거움도 느껴볼 수 있습니다.

이런 생각의 연쇄작용이 멈추면 인간은 정신적 빈곤 상태에 빠지게 됩니다. 『화씨 451』 속 사람들이 책을 읽지 못하고 사유하지 못하고 질문을 금지당하면서 겪게 되는 위기와 다를 바가 없습니다. 뇌가 이러한 위기에 빠지면 우리의 삶은 각기 고립되어 디스토피아 속에 갇히고 말겠죠. 그래서 우리는 생각하고 질문하는 일상을 절대 포기해서는 안 됩니다.

최근 인류는 챗GPT의 등장으로 다시 한번 새로운 사유의 시대를 맞고 있습니다. 인간처럼 사고할 수 있다는 AI의 등장이 치명적인 위기인지 아니면 인간을 노동으로부터 해방시켜 새로운 사유의 장을 열어줄 기회인지는 우리 스스로에게 달렸습니다. 저는 기술의 진보가 인간의 삶을 긍정적인 방향으로만 이끈다고 생각하지 않습니다. 다만 이런 변화가 인간과 기계의 관계를 그 어느 때보다 진지하게 성찰해 볼 기회를 제공한다는 점에서 유의미하다고 생각합니다.

AI 시대에는 인간이 해야 하는 일이 점점 사라져 갈

것입니다. 하지만 역으로 '왜 인간이어야 하는지'에 관한 성찰은 더 깊어지지 않을까요? 우리는 그 어느 때보다 질문과 사유가 중요해진 시대에 살게 되었습니다. 그런 의미에서 이 책 『화씨 451』과 함께 살펴볼 만한 영화가 한 편 있습니다. 이 소설이 책이 사라진 사회를 그린 것이라면, 마이클 베이 감독의 영화 「아일랜드」는 상상 속 복제인간 이야기를 통해 질문이 사라진 세계를 그리고 있습니다.

오염된 지구에서 살고 있는 사람들. 그들은 외부와 격리된 채 엄격한 통제를 받으며 살아갑니다. 철저한 감시와 반복되는 노동, 놀이 속에서 사유를 멈춘 채 살아가는 이들의 유일한 희망은 지상 낙원인 '아일랜드'에 뽑혀 가는 것입니다. 하지만 반복되는 삶 속에서 '왜?'라는 의문을 품은 링컨 6-에코는 비밀 구역에서 아일랜드로 떠난다던 동료들이 살해되는 것을 목격합니다. 그들은 상류층의 복제 인간이었고 대리 출산과 장기 적출이 끝나자 상품으로서의 가치가 사라져 죽임을 당한 것입니다. 유토피아의 상징이었던 아일랜드의 끔찍한 실체를 알게 된 링컨은 친구 조던 2-델타와 함께 탈출을 감행합니다.

이 영화 속 복제 인간들은 기억하는 능력을 갖고 있지만 생각은 깊게 할 수 없습니다. 그리고 질문도 허용되지 않았죠. 그런데 복제 인간의 2세대는 호기심을 갖고 질문하기 시작합니다. 그리고 한번 시작된 질문은 연쇄적인 반응을 불러일으킵니다.

「아일랜드」에서 복제 인간에게 질문을 허용하지 않은 이유는 무엇일까요. 그들이 인간으로서의 가치를 가지면 안 되기 때문입니다. 즉 질문은 인간다움의 근원입니다. AI가 가공할 만한 위력을 발휘하는 시대에 새로운 기술과 공생하기 위해 우리가 중요하게 생각해야 할 삶의 태도도 바로 이것입니다. 질문을 통해 우리는 의미를 발굴하고 인간으로서 존재 이유를 잃지 않을 수 있습니다.

"상상력과 의미 부여야말로 인간이 AI 시대를 살아낼 수 있는 길이다." 김대식 카이스트 교수의 이 말처럼 완전히 새로운 패러다임으로 기계와 공존하기 위해 우리는 끊임없이 읽고 질문하고 생각해야 할 것입니다.

흑백의 삶을
채색하는 이야기

삶의 태도

얼마 전 지인에게 이런 질문을 받은 적이 있습니다. "선생님은 살아가는 이유라고 할 만한 무언가가 있으세요?" 이 질문을 듣는 순간 말문이 막히더군요. 한 번도 이 질문에 대해서 깊이 생각해 본 적이 없다는 걸 알게 되었어요. 그리고 다음 순간 그 질문을 해준 사람이 너무나 고마웠습니다. 제 삶이 존중받고 있다는 기분이 들었거든요. 살아가는 이유가 있는 삶이란 정말이지 고귀한 것이죠. 그래서 여러분에게도 묻고 싶습니다. 여러분의 삶의 이유는 무엇인가요?

생각해 보면 누구에게나 살아가는 이유가 있을 것입니다. 그 이유는 삶을 대하는 자세가 되기도 하죠. 삶의 태도는 살아가면서 마주할 수많은 일들의 행동 기준이 되기도 하고, 인생의 방향을 설정하는 데 중요한 가치관을 만들어주기도 합니다. 제가 대학교에 다니던 시절인 1990년대 중반에는 정말 다양한 삶들이 공존하고 있었습니다. 어디에도 속박되지 않은 자유로운 영혼, 예술가처럼 이상과 낭만을 좇는 낭만주의자, 시대 이념을 투철하게 추구하는 이상주의자…. 학교라는 공간 안에서 제가 만난 사람들만 해도 이토록 삶의 태도가 다양했으니 당대를 살아간 이들의 삶의 태도는 더 다채로웠겠죠.

그 시절 저 또한 더없이 뜨거운 한 시절을 보냈습니다. 하지만 문학의 세계를 접하면서 삶의 태도가 달라졌습니다. 예전에는 저만의 잣대로 옳고 그름을 판단했다면, 문학을 접한 후에는 삶에서 만나는 수많은 상황과 인연이 그렇게 쉽게 재단할 수 있는 영역이 아니라는 걸 깨닫게 된 것입니다. 흔히 문학을 '삶을 비춰주는 등불'이라고 하잖아요. 물론 저에게도 문학은 그런 역할을 해주었습니다. 어디로 가야 할지 갈피를 잡지 못하고 방황할 때 길을 밝혀주는 등불, 때로는 간과하고 있던 인생의 중요한 가치를 떠올리게 해주는 멘토와 같은 존재였습니다.

그러나 그보다 더 중요한 문학의 효용은 '인간은 부족한 존재'라는 깨달음을 주는 데 있었습니다. 문학 작품 속 인물들의 삶에는 저마다 크고 작은 구멍이 뻥뻥 뚫려 있습니다. 그처럼 인간은 모두 미완성인 셈이죠. 짠하고 기구한 삶 속에서 다양한 외로움을 발견하고, 때로는 죽음이라는 극적인 상황을 앞둔 이들을 통해 인간의 본질을 깨닫곤 합니다.

코로나 팬데믹 기간 때 다시 인기를 끈 알베르 카뮈의 소설 『페스트』에서도 인간 군상에 빗댄 삶의 다양한 모습을 만날 수 있습니다. 전염병으로 도시가 봉쇄된 극한 상황에서 공황 상태에 빠졌을 때 사람들은 어떤 태도를 보이고 어떤 가치를 추구할까요? 3년이 넘는 지난 시간 동안 우리가 코로나를 겪을 때와 마찬가지로 페스트로 죽음 앞에 선 등장인물 모두 저마다의 신념으로 전염병에 맞서 싸웠습니다. 사람들은 누구나 자신이 소중하게 생각하는 삶의 가치가 있습니다. 이는 외부 요인에 의해 쉽게 바뀌거나 흔들리지 않습니다. 내가 아는 만큼 보이고 그것을 진실이라 믿고 살아가기 때문이죠.『페스트』속 인간 군상들도 마찬가지입니다. 자신만의 가치대로 극한의 상황에 맞섭니다. 죄를 씻어내면 페스트가 사라진다고 믿으며 종교에 의존하거나, 삶을 포기한 채 범죄를 일삼거나, 떠도는 소문을 맹신해서 몸을 소독하기 위해 알코올을 마셔 오히려 상태를 악화시키기도 합니다.

인간은 누구나 절체절명의 위기와 공포 상황에 처했을 때 저마다의 길을 찾아 나섭니다. 내 앞에 닥친 재앙에 속수무책일 때 우리는 각자 어떤 삶의 태도를 취할까요? 혼돈의 상황 속에서도 행복의 권리를 부르짖는 기자, 본질적인 성찰을 하는 종교인, 하루하루를 기록하는 아주 평범한 소시민, 묵묵히 환자들을 치료하는 의사와 도망가지 않은 공무원…. 이들 속에서 '나'를 발견할 수 있습니다. 그리고 나는 과연 어떤 삶의 태도를 가진 사람인가에 대해서도 진지하게 고민하게 되죠. 이것이 바로 제가 말하고 싶은 문학의 역할입니다. 다양한 인간 군상과 삶의 태도를 엿보고 그 안에서 비로소 나를 발견하게 되는 것이죠. 그리고 그 안의 나도 역시나 미완성의 모습입니다.

* * *

여기 자유를 꿈꾸는 현대인이라면 누구나 공감할 만한 삶의 태도를 가진 유명인이 있습니다. 미완성의 전형 같은 인물이죠. 자유를 향해 끊임없이 달려가며 절대 삶의 브레이크를 밟지 않는 남자, 그리스인 조르바입니다.

아무것도 바라지 않는다, 나는 아무것도 두려워하지 않는다, 나는 자유다.

『그리스인 조르바』의 저자 카잔차키스의 묘비명에는 이런 문구가 쓰여 있다고 합니다. 이 소설이 탄생한 시기는 세계대전이 벌어진 혼돈의 상황이었고, 현실에서 살아남기 위해 고군분투해야 할 것이 너무도 많았던 때였죠.

이 묘비명을 곱씹다 보면 이러한 현실을 작가가 역설적으로 투사한 게 조르바가 아니었을까 하는 생각이 듭니다. 사실 아무것도 바라지 않고, 아무것도 두려워하지 않는 삶은 불가능하잖아요.

『그리스인 조르바』는 세상의 온갖 풍상을 다 겪은 노인 조르바가 항구도시 피레에프스에서 배를 기다리다가 젊은 두목으로 불리는 '나'를 만나는 대목으로 시작합니다. '나'는 그와 함께 크레타로 들어가 갈탄광을 개발하는 사업을 벌이지만 빈털터리가 되고 맙니다. 하지만 돈과 사람, 수레와 고가선을 잃은 대신 '커다란 자유의 광맥' 조르바를 만났기에 단 한 번도 느껴보지 못한 생의 기쁨을 맛보게 됩니다. 모든 것이 끝나버린 그날, '나'는 바닷가에서 조르바와 춤을 추며 뜻밖의 해방감을 느낍니다.

외부적으로는 참패했으면서도 속으로는 정복자가 되었다고 생각하는 순간 우리 인간은 더할 나위 없는 긍지와 환희를 느끼는 법이다. 외부적인 파멸은 지고의 행복으로 바뀌는 것이었다.

돈, 사람, 사업… 모든 것을 잃은 순간에 궁극의 자유와 행복을 느끼는 이 장면은 『그리스인 조르바』의 상징과도 같습니다. 조르바는 내면의 목소리에 귀 기울이며 그것을 실천해 내는 열정과 대범함 그리고 사소한 것에도 기쁨을 느끼는 순수함을 가진 인물입니다. 그를 만나기 전 '나'는 내면의 목소리를 잃고 삶을 본질을 외면한 채 살아가던 인물이었죠. 뜨거운 심장을 가진 조르바의 등장이 그에게 새로운 생의 의지를 심어준 것입니다. 자유와 해방을 갈망하지만 옴짝달싹하지 못하는 나약한 존재였던 '나'는 비로소 자신이 세운 장벽을 하나씩 부수어갑니다. 조르바를 통해 두려움을 없앨 수 있는 방법은 '일단 해보는 것'임을 알게 되었으니까요.

　그는 해보지 않는다면 아무 일도 일어나지 않고, 아무것도 알 수 없다는 것을 깨달아갑니다. 이 과정에서 독자들은 일종의 대리만족을 느끼는 것 같습니다. 우리가 그렇게 살지 못하기 때문에 더더욱 그런 삶의 태도를 열망하는 것이죠. 어떤 가치를 지향하는 것과 실제로 내가 그렇게 사는 것 사이에는 간극이 있기 마련이죠. 그것이 시대를 건너 우리가 계속해서 그리스인 조르바를 사랑하는 이유일 겁니다.

조르바를 통해서 우리가 깨닫게 되는 삶의 태도가 있다면 아마도 '지금 이 순간을 충실하게 사는 것' 아닐까요. 순간의 진실성에 충실하고 일상의 충만함을 소중히 여기는 것이죠. 어쨌든 우리에게는 무언가를 해내야 할 의무와 책무가 있고, 지켜내야 할 현실이 있기 때문에 조르바처럼 마냥 쾌락적으로는 살 수 없습니다. 대신 그처럼 순간을 진실되게 즐기는 방법은 우리 각자가 찾기 나름입니다. 묵묵히 자기 자리에서 해야 할 일을 하는 것이 어떻게 보면 더 조르바 같은 삶을 사는 것일 수도 있고요. 제자리를 지키되 조르바처럼 순간의 진정성과 충만함을 즐기는 인생 말이죠. 저도 이런 조르바의 태도를 동경하는 사람 중 한 명입니다.

한창 일이 많을 때 저는 주당 40시간이 넘게 강의를 했습니다. 부산에서 강의를 할 때는 새벽에 첫 비행기를 타고 내려갑니다. 공항에 내리면 이른바 총알택시를 타고 학원들이 몰려 있는 부산대 쪽으로 가는데, 도착하면 아홉 시쯤이 되죠. 그때부터 특강을 시작해서 오후 네다섯 시까지 연이어서 강의를 합니다. 강의가 끝난 후 학생들의 질문을 받다 보면 시간에 쫓겨서 또 총알택시를 타고 아슬아슬하게 비행 시간에 맞춰 공항에 도착하죠. 그렇게 숨돌릴 틈도 없이 몰아치는 하루를 보내고 집에 돌아오면 밤 아홉 시가 훌쩍 넘어 있습니다.

저는 이런 생활을 일타강사라는 이름을 얻게 될 때까지 줄기차게 해왔습니다. 그러다 보니 제 자신이 강의하는 기계 같다는 생각이 들더군요. 어떤 날에는 너무 피곤해서 내일 아침에는 눈을 뜨지 않았으면 좋겠다는 생각이 들 정도였어요. 그래서일까요. 오랫동안 몸과 정신을 혹사시키며 서서히 소멸해 가는 자의 삶을 너무나 잘 이해합니다. 만약 그런 삶을 살아내고 있다면 가끔은 내 인생에 주어진 의무와 책임을 잠시 내려놓고 '막' 사는 삶을 지향해 보는 것도 나쁘지 않습니다. 누군가에게 해를 끼치거나 막대한 피해를 주는 일이 아니라면 한 번쯤은 조르바처럼 모든 걸 내려놓고 춤을 추듯 자유롭게 살아보는 것도 값진 경험일 테지요.

그러나 여태까지 욕망이 이끄는 대로만 살아온 사람이라면 반대로 살아볼 필요도 있습니다. 사회적 인간으로서 일정한 무게의 책임감을 느끼며 제자리를 지키면서 살아보는 것입니다. 인생의 한때는 더없이 자유로운 존재로 살아보다가, 또 다른 시기에는 내 삶의 무게를 기꺼이 받아들이며 새로운 존재로 살아보는 유연한 삶의 태도가 필요합니다.

제게 문학은 이런 삶의 변주를 가능하게 해주는 원동력입니다. 완벽하지 않은 삶들이 그려내는 희로애락 속에서 위안을 받기도 하고, 현재의 삶에 집중할 힘을 얻기도 하고, 삶의 가치와 태도를 바꿀 만큼 벼락같은 깨달음을 얻기도 합니다.

* * *

현대인들은 대개 성취감을 고양하는 일상에 익숙합니다. 저도 마찬가지고요. 평온하고 안정적인 일상도 소중하지만 그런 시간이 이어지면 약간의 공허감이 밀려오곤 합니다. 그 헛헛함을 채우기 위해 자꾸만 새로운 것을 찾아 배우죠. 무엇보다 반복되는 일상 속에서 지치지 않기 위해서는 새로운 자극이 필요합니다. 이른 아침부터 밤까지 쥐어짜듯 일하며 성과를 내서 적질한 칭찬과 보상을 받는다 해도 그때의 만족감은 한순간입니다. 이런 삶의 패턴이 정년까지 끊임없이 반복된다고 생각해 보세요. 정말 이런 삶이 우리를 행복하게 해줄 수 있을까요.

무엇보다 성과의 역치는 점점 더 높아질 수밖에 없습니다. 일을 시키는 사람도, 해내는 사람도 성과에만 경도되면 '조금 더'의 무한 굴레에서 벗어나기 힘듭니다. 하지만 놀라운 성과를 내며 승승장구해도 그 끝에는 늘 공허함이 기다리고 있죠. 마찬가지로 아무 일도 일어나지 않는 고요한 삶에도 공허는 스며들기 마련입니다. 어쩌면 우리 삶은 공허에서 벗어나기 위한 여정이 아닐까요. 수많은 문학이 이런 공허감 속에서 인간이 어떻게 변하는가에 관해 이야기하고 있습니다.

"내겐 불만이 없어요. 뿌리가 깊이 내렸으니까. 그러나

이놈의 인생을 또 한 번 살아야 한다면 파블리처럼 목에다 돌을 매달고 물에 빠져 죽고 말겠소. 인생살이는 힘든 것이오. 암, 힘들고말고……. 팔자가 늘어져 봐도 별수가 없어요."

『그리스인 조르바』 속 아나그노스티 영감의 이야기입니다. 이는 우리 모두의 삶 그 자체죠. 열정은 이내 사그라들고 안온함은 얼마 지나지 않아 무료함으로 바뀌잖아요. 저는 이 공허한 삶을 의미 있게 살아가기 위해 삶의 이유를 '배움'이라 여기며 살아가고 있습니다. 시간이 날 때마다 무엇을 배워볼까 행복한 고민을 합니다. 제게 배움은 거창한 지식을 습득하거나 누군가에게 과시하기 위한 수단이 아닙니다. 그저 삶의 공허함을 조금이나마 채우기 위한 노력 그 자체입니다. 학교에서 전문 지식을 배우거나, 책을 읽으며 영감을 얻거나, 사람들과 소통하면서 활기를 찾거나, 취미 생활을 하면서 충만해질 수도 있습니다. 이 모든 게 다 배움의 과정이죠. 내가 모르는 대상에 대해 알고자 하는 욕구가 있다면 어떤 인생이든 적어도 공허하지

는 않을 것 같습니다.

제게 배움은 지식의 범주를 넘어선 것입니다. 특히 문학을 통해서 실용적 지식을 얻는 건 아니잖아요. 문학을 통해서는 내가 경험하지 못한 삶을 살아보고, 내가 접해보지 못한 감정을 느끼면서 사람에 대한 이해의 폭을 넓힐 수 있습니다. 내 인생에서 경험해서는 안 될 사람과 겪어서는 안 될 상황을 작품 속에서 체험하면서 진실함과 가식을 구별하는 안목을 키우고 사람들과 진정으로 소통하기 위해 어떤 관계를 맺어야 할지도 생각해 볼 수 있습니다. 특히 서로가 서로에게 비극이 되는 여러 상황을 통해 삶에서 경계해야 할 것이 무엇인지도 배웁니다.

공자께서 말씀하셨다.

본성은 서로 비슷하나, 익히는 것에 의해 서로 멀어진다.

공자는 늘 배움의 자세를 중요하게 생각했죠. 사람의 본성은 비슷하지만 무엇을 익히고 반복하느냐에 따라 서로 다른 인생을 살게 된다고 말합니다. 남의 것에 연연하지 않고 스스로 당당해지기 위해, 타인의 인정에 끌려다니며 내 인생을 불태우지 않기 위해, 남들이 정해놓은 한계를 이겨내기 위해 늘 배우려는 삶의 태도를 가지라고 합니다. 그래서 저는 인간으로 태어나 숙명처럼 짊어지는 인생의 허무를 채워줄 수 있는 삶의 태도가 아마도 배움이 아닐까 생각합니다. 이 글을 읽고 계실 여러분이 가장 중요하게 생각하는 삶의 태도는 무엇인지도 다시 궁금해집니다.

영원히 늙지 않는 것

배움

    삶에서 배움은 끝이 없는 여정과도 같습니다. 태어나는 순간부터 죽는 순간까지 우리는 평생 배우고 누군가를 가르치죠. 학생 때는 학교에서 지식을 배우고, 사회에 나와서는 회사에서 일과 대인관계를 배우고, 연인과 가족 관계에서는 사랑과 감정적 충만함의 아름다움을 배웁니다. 그렇게 평생 '어떻게 살아야 할 것인가' '나는 누구인가'를 고민하는 과정이 곧 배움입니다.

    다산 정약용은 자신이 어떤 사람인지에 대해 '유이영오 장이호학(幼而穎悟 長而好學)'이라는 글로 설명했다죠.

'어려서는 영특하였고, 어른이 되어서는 배우기를 좋아했다'라는 의미입니다. 조선 시대 최고의 학자인 다산이 배우기를 좋아했다는 것은 어쩌면 학자로서 당연한 삶의 태도라 할 수도 있지만, 그가 500여 권의 저서를 남길 수 있었던 것은 배움과 기록에 대한 끝없는 열의 덕분이었다고 생각합니다. 무엇보다 그는 자신의 깨달음을 자식과 제자 그리고 벗에게 가르치는 데에도 온 마음을 다했습니다. 그들 역시 다산의 가르침을 평생 가슴에 새기며 배움을 멈추지 않았을 정도로 사제 간의 신의는 대단했다고 합니다.

배움과 가르침을 업으로 삼고 있는 제게도 아주 특별한 문학 작품이 있습니다. 바로 미치 앨봄의 『모리와 함께한 화요일』입니다. 책 속 사제 관계가 제게는 아주 큰 울림을 안겨주었죠. 요즘 사회에서는 스승으로부터 인생의 지혜를 배우고 스승과 일상을 공유할 정도로 친밀한 관계를 맺는 경우가 참 드문데 이들의 관계는 단순한 사제 관계를 넘어서 진한 우정, 나아가 사랑이었던 것 같습니다. 미치 앨봄에게 모리 슈워츠는 그야말로 그리워할 만한 스승, 오랜 친구, 애틋한 가족이 아니었을까요.

책 내용은 간단합니다. 저명한 사회학 교수인 모리 슈워츠는 루게릭병을 앓으며 죽음을 앞두고 있었습니다. 그의 제자인 미치 앨봄은 스포츠 칼럼니스트이자 방송 진행자로 숨 가쁜 일상을 살고 있었죠. 과거 그들은 서로를 '코치'와 '선수'라 부를 정도로 각별한 사이였습니다. 그러나 미치 앨봄은 졸업 이후에도 계속 연락하겠다던 스승과의 약속을 저버린 채 그를 까맣게 잊고 살아가고 있었죠. 그렇게 일에 파묻혀 살던 중, 우연히 유명 텔레비전 프로그램인 「나이트라인」에 나온 모리 교수를 보게 됩니다. 휠체어에 앉아 "어느 날 누군가 내 엉덩이를 닦아줘야만 한다는 사실이 가장 두렵소"라고 말하는 모리의 모습에 그는 깜짝 놀랍니다. 그는 어릴 적 스승의 가르침대로 살지 못했다는 죄책감에 모리에게 달려갑니다. 그리고 이 책은 모리 교수가 세상을 떠날 때까지 매주 화요일마다 인생에 대한 다양한 주제로 나눈 둘만의 수업과 토론의 결과물이자 마지막 선물이 되었습니다.

모리 교수는 이 시대 진정한 스승이란 인생의 의미를 깨우쳐 주고 변화하게 만드는 사람이라는 사실을 일깨워

줍니다. 그는 미치의 스승일 뿐 아니라 수많은 이들의 삶을 바꾼 스승으로서 죽음 후에도 많은 사람의 마음속에 살아 있습니다. 그들이 삶에서 놓치고 있는 많은 것들을 되찾아주는 역할을 하면서 말이에요. 요컨대, 이 책은 우리가 삶에서 잃어버린 가치와 관계를 회복하는 과정이라고 할 수 있습니다. 저로서는 부러울 수밖에 없는 삶을 살았던, 어쩌면 지금도 살아가고 있는 사람이네요.

❊ ❊ ❊

미치 앨봄에게 이런 스승이 있었다면 제게는 잊고 살던 가치들을 일깨워주는 훌륭한 학생들이 있습니다. 한번은 제 강의를 듣는 학생이 이런 편지를 보내왔습니다. 본인이 큰 병에 걸려서 힘들게 투병 생활을 하고 있다는 거예요. 원래는 간호사였는데 암 선고를 받았다고 했습니다. 그런데 병원에서 치료를 받고 있을 때 공무원 시험을 준비하는 주변 친구들이 너무 부러웠다고 합니다. 그들에겐 미래가 있었으니까요. 그래서 놀랍게도 투병 생활을 하면

서 공부를 시작했다고 합니다.

자신의 목표는 이 시험에 합격하는 게 아니라 내년 시험장에 건강하게 들어가는 거라고 하더군요. 그래서 하루하루 공부하는 시간이 너무나 소중하고, 시험을 보러 갈 수만 있어도 행복하겠다는 말에 저는 그만 울어버리고 말았습니다. 진정한 배움의 가치를 아는 학생들이 있다는 것은 정말이지 축복받은 일입니다. 시험에 합격한다고 해도 임용이 되어 일을 시작할 수 있는 상황이 아님에도 공부를 할 수 있다는 자체만으로도 행복하다는 그 학생의 이야기는 학생들을 가르치며 배움을 합격을 위한 수단으로만 여기게 된 저의 편협한 관점에 제대로 충격을 주었습니다.

무엇보다 학생의 담담한 편지는 제 자신을 되돌아보게 했어요. 그 무렵 저는 정말 지치고 힘든 시기를 지나고 있었습니다. 모든 에너지가 소진되어 있었고 반면에 일에 대한 책임감과 압박감은 대단했습니다. 이 압박감에서 벗어나고 싶다는 생각을 날마다 했었죠. 그때 그 친구의 편지를 읽으며 참 많이 반성했어요.

저는 학원에서 수많은 학생에게 '선생님'이라 불리지만, 이런 친구들이 진짜 의미의 스승 같습니다. 이들은 삶에 대한 '치열함'으로 진실된 감동을 주니까요. 바쁘게 사는 것만으로 열심히 살고 있다고 생각해 왔는데 그 학생의 이야기는 한동안 잊고 지냈던 소중하고 본질적인 삶의 가치를 일깨워주었습니다. 모리 교수가 미치에게 주었던 깨달음과 다르지 않습니다.

모리 교수는 어느 화요일 미치에게 이런 말을 건네죠.

"미치, 어떻게 죽어야 할지 배우게 되면 어떻게 살아야 할지도 배울 수 있어." (…) "다시 말하면, 일단 죽는 법을 배우게 되면 사는 법도 배우게 된다네."

모리 교수는 말합니다. 죽음에 직면하면 모든 거추장스러운 것을 다 벗겨내고 결국 핵심에 초점을 맞추게 된다고요. 죽음을 생각하면 모든 일이 아주 다르게 보이고, 영혼과 관계된 것들을 위한 공간이 필요하다는 걸 깨닫게 된다는 것이죠. 이 책을 읽으며 제 머릿속을 떠나지 않은 가르침은 죽음 앞에 서 있을 때를 생각하는 순간, 진정한 배움이 가능하다는 것이었습니다. 모든 것에는 끝이 있다고 생각하면서 자신을 낮추고 열린 마음으로 세계를 접한다면 진정한 배움을 얻을 수 있을 것입니다.

＊ ＊ ＊

오랜 시간 전 세계인들에게 사랑받은 책인 만큼『모리와 함께한 화요일』에는 많은 서문이 달려 있습니다. 한국판에는 한국 독자들에게 전하는 저자의 메시지와 출간 10주년 기념 서문, 출간 20주년 기념 서문, 감사의 말이 차례로 삽입되었죠. 분량과 내용만으로 압도되는 아우라마저 있습니다. 저자는 서문에서 비록 모리는 세상을 떠났지만 독자들로부터 그의 가르침이 계속 전해져 내려오고 있으며, 수많은 사람이 자신을 찾아와서 새로운 삶을 얻었다는 감동적인 메시지를 전해주고 있다고 썼습니다. 정말 그렇습니다. 그가 세상을 떠나고 수십 번의 해가 바뀌었는데도 우리가 여전히 그를 좋은 스승이자 참된 인간으로 기억할 수 있는 이유는 무엇일까요. 저는 그 해답을 '기록하는 사람'과 '배우려는 마음'에서 찾았습니다. 기록의 중요성에 관해서는 모두가 공감할 테니 장황하게 설명하지는 않겠습니다. 대신 지금부터는 배움의 쾌감에 관해 이야기해 보려 합니다.

저는 가르침을 기록하는 일 못지않게 새로운 지식을 습득하고 알아가는 것에 대한 쾌감의 강도를 높여가는 일이 중요하다고 생각합니다. 배움에 대한 욕구가 많아야 좋은 기록물도 늘어날 수 있으니까요. 『모리와 함께한 화요일』이 세상에 출간되었는데 그의 가르침을 알고 싶어 하는 사람이, 어떻게 살아야 하는지에 관해 궁금해하는 사람이 없었다면 이 책은 금세 절판되었을 겁니다.

저도 배움에서 굉장한 쾌감과 위안을 얻는 사람입니다. 무언가를 보고 즐길 때도 '그냥 보는 것'만으로는 감동의 여운이 오래가지 않는다고 생각해요. 그것에 대해 '진짜로' 알고 난 후 보면 그때의 감동은 몇 배의 크기로 다가온다는 걸 경험했기 때문입니다. 저는 특히나 영화 감상을 즐깁니다. 시간이 날 때마다 영화를 보면서 잠시 일상의 중압감을 내려놓고 충만함을 느끼곤 했죠. 그러다가 어느 날엔가 제가 좋아하는 영화를 누군가에게 설명하고 싶다는 생각이 들었어요. 영화를 많이 봐서 안목은 높은데 설명이 안 되는 게 답답했죠. 그래서 영화 이론이나 비평을 배워야겠다는 생각을 하게 되었고 내친김에 영화 아카데미에서 한 학기 수업을 듣고 수료까지 했습니다. 그때 주변의 반응은 이랬습니다. "바쁘실 텐데 그럴 시간이 있어요?", "선생님이 왜 그걸 배우려고 하세요?" 시간과 돈에 초점을 맞춰 효용성을 따진다면 이런 의문을 가질 수 있습니다. 하지만 제가 영화 공부를 한 것은 평론가가 되기 위함이 아니라, 영화를 보며 느끼는 제 감정을 더 잘 이해하고, 영화를 추천하고 싶은 누군가에게 이론적으로 설명해 보고 싶었기 때문입니다. 그래서 바쁜 와중에도 시간을 낼 수 있었던 것이죠.

지금도 예술 아카데미 수업을 등록해 놓았습니다. 독서 모임에도 이름을 올려두고 도서관 회원권도 끊어두었죠. 물론 일이 바빠 참석하지 못하는 경우가 더 많지만 제가 그 과정에서, 배움에서 큰 위안과 쾌감을 얻는 사람이라는 사실만은 분명합니다. 이 이야기를 하는 것이 제 지식욕을 자랑하기 위함은 아닙니다. 여러분에게도 어느 지점에서 분명히 더 배우고 싶은 것, 알고 싶은 것이 있을 거라는 이야기를 하고 싶었습니다. 그것만으로도 인생이 풍요로워지고 숨 쉴 공간이 생긴 것 같은 느낌이 드는 배움, 당신이 그 순간을 꼭 경험할 수 있길 바랍니다.

✳ ✳ ✳

배움을 주제로 이야기할 때 빼놓을 수 없는 책이 또 있습니다. 바로 우리의 영원한 고전 『어린 왕자』입니다. 여러분은 어떤 부분에 특히 공감하셨나요? 이 책의 매력은 어린 시절 읽었을 때와 어른이 된 후 다시 읽을 때 그 울림과 감동의 포인트가 다르다는 데 있습니다.

어른이 되어 직장 생활을 시작했을 때는 점등인의 삶에 대해 생각해 보게 되더군요. 점등인은 자기 의지로 할 수 있는 게 하나도 없잖아요. 왕의 명령으로 아침에는 가로등의 불을 끄고 밤에는 불을 켜는 일을 하고 있습니다.

행성의 자전 속도는 빨라졌지만 점등인만 점점 더 바빠질 뿐 시스템은 변한 게 없죠. 직장인이 되고 보니 그 점등인 이 마치 제 모습 같아서 어쩐지 더 측은하게 느껴졌습니 다. 그는 별의 주인들 중 유일하게 어린 왕사에게 긍정적 인 평가를 받은 인물이기도 합니다.

이 사람은 다른 사람들, 왕이나 허영쟁이나 술꾼이나 사 업가한테 업신여김을 받을 거야. 그렇지만 내가 보기엔 우 스꽝스럽지 않은 사람은 이 사람뿐이야. 그건 아마 이 사람 이 제 자신이 아닌 다른 것에 정성을 들이고 있기 때문일 거야.

어린 왕자의 순수한 시선으로 바라본 어른들의 세계 는 삶을 돌아보는 성찰의 시간을 선사합니다. 그들은 모두 각자의 방식으로 자신의 일에 몰두하고 있지만, 다른 존재 와는 진정한 관계를 맺지 못하고 있습니다. 다스릴 백성도 없는데 눈에 보이는 사람은 누구든 신하로 여기며 명령만 일삼는 왕, 오직 자신을 칭찬하는 말밖에 듣지 않는 허영쟁이, 자기 자신에게서 벗어나지 못하고 부끄러움을 잊기 위해 술을 마시는 술꾼, 모든 것을 소유의 개념으로 나누며 날마다 별을 세는 사업가…. 어딘가 익숙하지 않나요? 이들은 모두 현실을 살아가는 우리의 모습입니다.

우리는 어린 왕자가 만난 어른들의 이야기를 통해 평범하지만 소중한 인생의 가치를 배웁니다. 그중 한 가지가 바로 '길들이기'의 의미입니다. 길들인다는 것은 누군가와 관계를 맺으며 그 안에서 삶의 의미를 찾는 행위죠. 가르침을 주는 스승과도 같은 여우는 알려줍니다. 인간은 자신이 공들여 가꾼 것들과 진정한 관계를 맺을 수 있고, 이를 통해서만 자기 존재를 확장할 수 있다고 말입니다. 길들이기는 그 무엇과도 대체될 수 없는 유일무이한 가치를 부여하는 행위입니다. 사실 예전에는 이 책에서 '길들이기'에 대해 특별한 인상을 갖지는 못했던 것 같아요. 그냥 흥미로운 동화책쯤으로 읽었었죠. 그러다가 사랑이라는 감정의 깊이를 알게 된 후에야 저는 비로소 '길들인다는 것'에 대한 저만의 해석을 덧붙이게 되었습니다. 아마 여러분도 그러시리라 믿습니다.

또 이제 다 큰 어른이 된 저는 이 행성의 주인들을 바라보며 더 큰 공감을 하게 되었습니다. 어릴 때는 어린 왕자처럼 이들을 도무지 이해할 수 없었지만, 지금은 이들이 제 주변 어디서나 만날 수 있는 사람들이라는 생각을 하니 조금은 서글퍼집니다. 저 역시 그들과 같은 삶을 살고 있는 건 아닌지 되돌아보곤 하죠. 다행스러운 것은 어른이 되어 어린 왕자의 순수함을 잃은 제가 이제야 배움의 소중함을 알게 되었다는 사실입니다. 아이러니하게도 우리는 모두 조금씩 때 묻어가며 인생을 배우니까요. 그것이 어린 시절의 『어린 왕자』와 지금의 『어린 왕자』가 우리에게 다른 의미로 다가오는 이유일 겁니다. 그리고 『어린 왕자』가 불멸의 고전이 된 이유일 겁니다.

※ ※ ※

솔직히 말하자면 저는 수업 중에 학생들에게 사이다 같은 쓴소리를 날리거나, 코끝이 찡해지는 위로의 말을 멋지게 건네는 선생님은 아닙니다. 오히려 강의실의 저는 조금 건조한 편이죠. 하지만 아주 가끔은 제가 살아온 인생 속에서 깨달은 것들을 그들에게 기필코 전해주리라 생각할 때도 있습니다. 누군가에게 무엇을 가르치는 사람은 자신만의 소명과 책임감이 필요하다고 생각하기에 제가 겪은 시행착오와 그때의 깨달음을 솔직하게 전해주고 싶습니다.

코로나 때의 일입니다. 그해 4월로 예정되어 있던 국가직 시험이 취소되었습니다. 온 세상이 멈춘 시기에 공무원 시험 연기된 게 뭐 그리 대수냐고 생각할 수도 있겠지만, 저마다의 사연을 갖고 오랜 시간 준비해 온 수험생들에게 이것은 아주 중차대한 사건이었죠. 언제 다시 시험 일정이 잡힐지 알 수 없었고, 어쩌면 그해에는 아예 시험을 볼 수 없을지도 모른다는 소문까지 나돌았습니다.

특히 경제적인 어려움과 스스로와의 약속 등으로 이번이 마지막 기회라고 생각하고 앞만 보며 달려왔던 학생들에게는 골인 지점이 사라져 버린 것과 같은 일이었습니다. 당연히 학생들은 동요하고 불안해할 수밖에 없었죠. 게다가 그해 취업 일정 발표도 나지 않았고, 아예 뽑지 않

는다는 말까지 돌면서 학원마다 학생들의 문의는 북새통을 이루었습니다.

그때 동요하는 학생들에게 제가 해줄 수 있는 일이 무엇일까를 곰곰이 생각해 봤습니다. 그러고는 제 생각을 담은 영상을 찍어서 학생들에게 전하기로 마음먹었습니다. 늘 그래왔던 것처럼 제자리를 지키라고 말해주고 싶었거든요. 그때 대학원 시절 저의 경험을 꺼내 보았습니다.

스승이자 권력자였던 사람에 의해 꿈이 좌절되고 인생이 바뀌는 경험을 한 적이 있었습니다. 정말 참담한 시간이었죠. 그때 저는 누군가에게 배움의 가치를 전하는 사람은 그 무게감에 대해서 반드시 인지하고 있어야 한다는 것을 뼈저리게 깨달았습니다. 그걸 모르는 사람의 행동은 가르침을 받는 학생들에게 무소불위의 칼을 휘두르는 것과 다름없죠.

선택의 길이 여러 가지일 때 우리는 다양한 전략을 생각하겠지만, 스스로 결정할 수 있는 것이 없을 때는 두 가지 방법밖에 없습니다. 현실로부터 도피하거나, 제자리를 지키면서 존재감을 키우는 것입니다. 그럴 때마다 저는 후

자를 택했고, 돌이켜 보면 그 결정이 옳았습니다. 그래서 기약 없는 불안의 시간을 견뎌야 하는 학생들에게 늘 그래왔던 것처럼 배움과 학습에 대한 열의로 견뎌보자고 말해주었습니다. 나의 노력이 아무런 영향을 미칠 수 없는 상황에서는 어제와 마찬가지로 묵묵히 내가 지금 할 수 있는 것을 해나가야 합니다.

인생을 살다 보면 나에게 더 이상 선택권이 없는 상황에 처하는 때가 종종 찾아오죠. 그럴 때는 무조건 물러서거나 뛰쳐나가는 대신 나만의 존재감과 무게감을 키우면서 견뎌보세요. 이런 시간은 '나에게 몰입'하는 과정과도 같습니다. 이 경험을 건너뛴다면 다음을 위한 도약도 없습니다. 인생에서 한 번쯤은 이렇게 모든 걸 올인해 간절히 노력하는 시기도 겪어볼 법하니까요. 다만, 그 시간이 지나치게 길어지면 모든 에너지가 소진된다는 것도 알아야 합니다. 그래서 저는 '제자리를 지키며 존재감을 기르되 모든 것을 쏟아 몰입할 기간을 정해두자'라고 조언합니다.

그리고 비슷한 맥락에서 꼭 기억해 둬야 할 것이 있습니다. 바로 그 이름도 어려운 '양질전화'입니다. 양질전화는 독일의 철학자 헤겔이 말한 개념으로 일정한 양이 누적되면 어느 순간 질적인 비약이 이루어진다는 뜻입니다. 이 말처럼 안심되는 개념이 또 있을까요. 저는 어찌 보면 무식하다 싶을 정도로 성실하게 살았습니다. 돌이켜 보면 제 삼십 대가 어떻게 지나갔는지 모를 정도로요. 이렇게 절대적인 노력을 쏟아부으며 일을 해온 시간이 쌓여서 비로소 지금의 제가 만들어질 수 있었다고 생각해요. 열심히 살아가고 있는데 이렇다 할 성과가 없다면 물론 절망스러울 겁니다. 왜 세상이 날 알아봐 주지 않을까 두렵고 억울할지도 모르겠습니다. 그러나 우리가 이루어내는 성과는 절대 양적인 축적 없이 어느 순간 비약적으로 이루어질 수 없습니다. 이 책을 읽는 모든 분께 말해주고 싶습니다. '지금의 성실함이 쌓여 언젠가 질적인 비약을 이룰 것'이라고, '그때 비로소 스스로를 증명해 줄 것'이라고요.

지난 십여 년간 강의실에서 학생들에게 건네받은 진실한 마음을 통해 저는 영원히 늙지 않을 배움의 의미를 깨닫고 있습니다.

모든 삶은 문학이다

아무것도 모르고 강단에 처음 섰던 그날로부터 어느덧 20년 가까운 세월이 흘렀습니다. 누구보다 치열하게 살아왔다 자부할 수 있을 만큼 앞만 보고 달려왔기 때문일까요. 군데군데 떠오르지 않는 시간이 참 많습니다. 어떻게 그 시절을 지나왔는지 저조차도 놀랍습니다. 힘든 시간 속에서도 찬란하게 빛났던 순간들이 분명 있었을 텐데 이제는 가물가물한 것이 조금은 슬프기도 하고요. 그 오랜 세월 잊히지 않고 제 곁에 머물던 것이 바로 문학입니다. 오래전 어느 밤 잠들기 전 어머니에게서 들었던 전래동화부터 학창 시절 너무나 사랑해 마지않던 시들, 대학 시절 뜨거운 가슴과 냉철한 머리로 읽어 내려가던 이론서들, 강사가 되어 학생들에게 가르쳤던 수많은 작품까지, 제 삶에서 문학이 없었던 적은 없습니다.

삶이 뜻대로 풀리지 않을 때마다 습관처럼 문학을 찾았던 것 같습니다. 그 안에 담긴 희로애락과 굽이치는 인생사를 함께 느끼고 경험하다 보면 그래도 살아볼 만하다는 생각이 들곤 하거든요. 고통 속을 헤매는 인물을 통해서는 삶의 고단함과 처절함을 배웠습니다. '삶이란 원래 이런 거구나', '나만 바보 같고 힘든 게 아니었구나' 하는 위로를 받으며 조금은 편안한 마음으로 잠들 수 있었습니다. 열정적인 삶을 통해 자신을 증명해 내고 기필코 고지에 오르는 인물을 통해서는 뜨거운 격려와 응원을 받았습니다. 그런 이야기를 읽은 날에는 '지금 나도 잘하고 있어', '조금 더 힘을 내보자'라고 스스로를 다독이며 나아갈 수 있었습니다. 우리가 하찮다고 여기는 것들에도 마음을 내어주는 인물을 통해서는 삶의 가치와 의미를 배웠습니다. 무엇이 아름답고 무엇이 소중한지 비로소 알아볼 수 있는 눈을 키워나가는 여정이었습니다.

　문학과 함께한 모든 순간이 좋았지만, 저는 특히나 이런 이야기를 누군가와 나눌 수 있을 때가 행복합니다. 사람들과 이야기를 나누고 나서야 정말로 문학이 온전히 내 안에서 자리를 잡은 듯한 느낌이 드는 것은 아마 우리의 삶도 하나의 문학이어서가 아닐까요. 저마다의 이야기를 써 내려가고 있는 많은 이들이 저마다의 언어로 문학을 해석하고 곱씹어야 그 속에 담긴 힘이 제대로 가닿을 수 있다고 생각합니다. 그래서 이 책을 쓰며 시험에 나오는 지문으로서의 문학이 아닌 삶으로서의 문학에 관해 이야기해 보고 싶었습니다.

　사랑, 우정, 용서, 욕망, 성장, 휴식… 삶에서 중요한 가치들을 표현하는 말은 대부분 낡았습니다. 닳고 닳아서 들어도 큰 감흥이 없죠. 삶을 잘 살아가기 위해서는 사랑해야 하고, 사유해야 하고, 이해해야 하고, 용서해야 합니다. 당연하다고 생각하는 것들이지만 우리는 그 방법을 잘 모릅니다. 여러분이 부디 문학 속 인물들의 삶을 통해 어떻게 살아가야 하는지를 깨닫는 소중한 경험을 하셨으면 좋겠습니다.

우리는 자주 '다시 사랑한다면', '다시 그 일을 한다면', '다시 그때로 돌아간다면' 하고 후회하곤 하죠. 그래서 '다시'라는 말이 부정적으로 느껴지기도 합니다. 특히 수험에 실패한 학생들에게 '다시'는 시험을 다시 준비해야 하는 부담감으로 받아들여지기도 해요. 그렇지만 '다시'는 한 번 더 내 삶을 인정하고 사랑하며 살겠다는 긍정과 낙관을 담은 말이기도 합니다. 이 책이 그러한 낙관과 긍정의 의미로 여러분에게 다가갔으면 합니다.

책을 쓰며 무척이나 행복했습니다. 제가 한때 사랑했던 시와 소설을 다시 한번 꺼내 읽으며 잊고 지내던 제 안의 울림을 일깨워 본 시간이었습니다. 제가 그랬듯이 문학을 통해 여러분이 삶을 더 사랑하게 되기를 진심으로 바

랍니다. 다시 삶을 긍정하며 앞으로 나아갈 힘을 얻기를

진심으로 소망합니다.

2023년 가을

이선재

이 책에 나온 문학들

시작하며

김수영, 「사랑의 변주곡」, 『사랑의 변주곡』, 창비, 1999.

1장 ✲ 잃어버린 나를 찾고 싶을 때

류시화, 「지금 알고 있는 걸 그때도 알았더라면」, 『지금 알고 있는 걸 그때도 알 았더라면』, 열림원, 2014.

무라카미 하루키, 『노르웨이의 숲』, 양억관 옮김, 민음사, 2017.

스벤 브링크만, 『불안한 날들을 위한 철학』, 강경이 옮김, 다산초당, 2022.

스탕달, 『적과 흑』 전 2권, 이동렬 옮김, 민음사, 2004.

윤동주, 「자화상」, 『윤동주 전 시집 하늘과 바람과 별과 시』, 스타북스, 2022.

트리나 폴러스, 『꽃들에게 희망을』, 김석희 옮김, 시공주니어, 1999.

허먼 멜빌, 『필경사 바틀비』, 공진호 옮김, 문학동네, 2011.

헤르만 헤세, 『데미안』, 전영애 옮김, 민음사, 2000.

헨리크 입센, 『인형의 집』, 안동민 옮김, 문예출판사, 2007.

프란츠 카프카, 『변신』, 이재황 옮김, 문학동네, 2011.

J. D. 샐린저, 『호밀밭의 파수꾼』, 이덕형 옮김, 문예출판사, 1998.

영화 「비포 선라이즈」, 1996.

영화 「죽은 시인의 사회」, 1990.

2장 ✽ 어떤 말도 위로가 되지 않을 때

나태주, 「일요일」, 『슬픔에 손목 잡혀』, 시와시학사, 2000.

소포클레스, 『오이디푸스 왕』, 강대진 옮김, 2009.

알베르 카뮈, 『이방인』, 김화영 옮김, 민음사, 2019.

어네스트 밀러 헤밍웨이, 『노인과 바다』, 김욱동 옮김, 민음사, 2012.

최승자, 「모든 사람들이」, 『빈 배처럼 텅 비어』, 문학과지성사, 2020.

포리스트 카터, 『내 영혼이 따뜻했던 날들』, 조경숙 옮김, 아름드리미디어, 2014.

한강, 『소년이 온다』, 창비, 2014.

현진건, 『운수 좋은 날』, 문학과지성사, 2008.

F. 스콧 피츠 제럴드, 『위대한 개츠비』, 김욱동 옮김, 민음사, 2009.

3장 ✽ 문득 외로움이 찾아올 때

김소연, 『마음사전』, 마음산책, 2008.

김수영, 「사랑」, 『김수영 전집 1: 시』, 민음사, 2018.

나쓰메 소세키, 『마음』, 송태욱 옮김, 현암사, 2016.

백석, 「남신의주 유동 박시봉방」, 『정본 백석 시집』, 문학동네, 2007.

알랭 드 보통, 『왜 나는 너를 사랑하는가』, 정영목 옮김, 청미래, 2002.

이청준, 『벌레 이야기』, 문학과지성사, 2013.

정호승, 「이슬이 맺히는 사람」, 『당신을 찾아서』, 창비, 2020.

천양희, 「왜요?」, 『오래된 골목』, 창비, 1998.

프레드 울만, 『동급생』, 황보석 옮김, 열린책들, 2017.

한나 아렌트, 『예루살렘의 아이히만』, 김선욱 옮김, 한길사, 2006.

영화 「그녀」, 2014.

영화 「클로저」, 2005.

4장 ◈ 풀리지 않는 질문 앞에 섰을 때

김지하, 「타는 목마름으로」, 『빈 산』, 시인생각, 2013.

니코스 카잔차키스, 『그리스인 조르바』, 이윤기 옮김, 열린책들, 2009.

레이 브래드버리, 『화씨 451』, 박상준 옮김, 황금가지, 2009.

미치 앨봄, 모리 슈워츠, 『모리와 함께한 화요일』, 공경희 옮김, 살림출판사, 2017.

알베르 카뮈, 『페스트』, 김화영 옮김, 민음사, 2011.

앙투안 드 생텍쥐페리, 『어린 왕자』, 황현산 옮김, 열린책들, 2015.

이광수, 『무정』, 민음사, 2010.

이청준, 『당신들의 천국』, 문학과지성사, 2012.

프리드리히 니체, 『차라투스트라는 이렇게 말했다』, 장희창 옮김, 민음사, 2004.

Robert Frost, 「The Road Not Taken」, 『The Road Not Taken and Other Poems』, Digireads.com Publishing, 2017.

영화 「아일랜드」, 2005.

잃어버린 감수성을 찾아 떠나는 열아홉 번의 문학 여행

다시 문학을 사랑한다면

초판 1쇄 인쇄 2023년 9월 27일
초판 1쇄 발행 2023년 10월 11일

지은이 이선재
펴낸이 김선식

경영총괄이사 김은영
콘텐츠사업본부장 박현미
책임편집 백지윤 **디자인** 황정민 **책임마케터** 최혜령
콘텐츠사업4팀장 임소연 **콘텐츠사업4팀** 황정민, 박윤아, 옥다애, 백지윤
편집관리팀 조세현, 백설희 **저작권팀** 한승빈, 이슬, 윤제희
마케팅본부장 권장규 **마케팅팀** 최혜령, 오서영
미디어홍보본부장 정명찬 **영상디자인파트** 송현석, 박장미, 김은지, 이소영
브랜드관리팀 안지혜, 오수미, 문윤정, 이예주 **지식교양팀** 이수인, 염아라, 김혜원, 석찬미, 백지은
크리에이티브팀 임유나, 박지수, 변승주, 김화정, 장세진 **뉴미디어팀** 김민정, 이지은, 홍수경, 서가을
재무관리팀 하미선, 윤이경, 김재경, 이보람, 임혜정
인사총무팀 강미숙, 김혜진, 지석배, 황종원
제작관리팀 이소현, 최완규, 이지우, 김소영, 김진경, 박예찬
물류관리팀 김형기, 김선진, 한유현, 전태환, 전태연, 양문현, 최창우
외주스태프 구성 이선화 본문이미지 Paul Signac

펴낸곳 다산북스 **출판등록** 2005년 12월 23일 제313-2005-00277호
주소 경기도 파주시 회동길 490 다산북스 파주사옥 3층
전화 02-702-1724 **팩스** 02-703-2219 **이메일** dasanbooks@dasanbooks.com
홈페이지 www.dasanbooks.com **블로그** blog.naver.com/dasan_books
용지 아이피피 **인쇄** 민언프린텍 **코팅 및 후가공** 제이오엘앤피 **제본** 다온바인텍

ISBN 979-11-306-4654-1(03100)

다산북스(DASANBOOKS)는 독자 여러분의 책에 관한 아이디어와 원고 투고를 기쁜 마음으로 기다리고 있습니다.
책 출간을 원하는 아이디어가 있으신 분은 다산북스 홈페이지 '원고투고'란으로 간단한 개요와 취지, 연락처 등을
보내주세요. 머뭇거리지 말고 문을 두드리세요.